Qualität familienrechtspsychologischer Gutachten:
Eine empirische Analyse mit Praxiskommentaren

Beiträge zur Angewandten Psychologie

Herausgegeben von Stefan Stürmer / Anette Rohmann

Band 1

Wissenschaftlicher Beirat / Scientific Advisory Board

Prof. Dr. Julia Becker, Osnabrück

Prof. Dr. Oliver Christ, Hagen

Prof. Dr. Arnd Florack, Wien

Prof. Dr. Kathrin Jonkmann, Hagen

Prof. Dr. Ingrid Josephs, Hagen

Prof. Dr. Christel Salewski, Hagen

Prof. Dr. Kai Sassenberg, Tübingen

Prof. Dr. Melanie Steffens, Koblenz-Landau

Anette Rohmann (Hrsg.)

Qualität familienrechtspsychologischer Gutachten: Eine empirische Analyse mit Praxiskommentaren

Christel Salewski, Stefan Stürmer,
Jörn Meyer und Anne-Kathrin Meyer

Bibliografische Information der Deutschen Nationalbibliothek
Die Deutsche Nationalbibliothek verzeichnet diese Publikation
in der Deutschen Nationalbibliografie; detaillierte bibliografische
Daten sind im Internet über http://dnb.d-nb.de abrufbar.

Diese Publikation wurde durch die FernUniversität in Hagen
finanziell unterstützt.

ISSN 2199-8795
ISBN 978-3-631-67456-7 (Print)
E-ISBN 978-3-653-06621-0 (E-Book)
DOI 10.3726/978-3-653-06621-0

© Peter Lang GmbH
Internationaler Verlag der Wissenschaften
Frankfurt am Main 2016
Alle Rechte vorbehalten.
PL Academic Research ist ein Imprint der Peter Lang GmbH.

Peter Lang – Frankfurt am Main · Bern · Bruxelles · New York ·
Oxford · Warszawa · Wien

Das Werk einschließlich aller seiner Teile ist urheberrechtlich
geschützt. Jede Verwertung außerhalb der engen Grenzen des
Urheberrechtsgesetzes ist ohne Zustimmung des Verlages
unzulässig und strafbar. Das gilt insbesondere für
Vervielfältigungen, Übersetzungen, Mikroverfilmungen und die
Einspeicherung und Verarbeitung in elektronischen Systemen.

Diese Publikation wurde begutachtet.

www.peterlang.com

Inhalt

1 **Einleitung** 9
   1.1 Problemstellung 9
   1.2 Die vorliegende Publikation 11

2 **Theoretischer und praktischer Hintergrund** 15
   2.1 Rechtsgrundlagen 15
      2.1.1 Begriffsdefinitionen: Familie, Kindeswohl, Kindeswohlgefährdung, Umgang, Sorge 15
      2.1.2 Gesetzliche Regelungen zum Verfahren in Familiensachen 22
      2.1.3 Veränderungen der gesetzlichen Regelungen bei Familiensachen 24
   2.2 Rechtsvorschriften und berufsständische Richtlinien für die Erstellung psychologischer Gutachten 26
      2.2.1 Rechtsvorschriften 26
      2.2.2 Ethische Richtlinien der DGPs und des BDP 27
      2.2.3 Föderative Richtlinien für die Erstellung von Gutachten ... 28
      2.2.4 Weitere Entwicklungen 29
      2.2.5 Qualitätssicherungsmaßnahmen durch psychologische Fachverbände 31
   2.3 Psychodiagnostische Grundlagen 33
      2.3.1 Der diagnostische Prozess 33
      2.3.2 Gutachten und der diagnostische Prozess 35
      2.3.3 Bestandteile psychologischer Gutachten 37
   2.4 Familienrechtspsychologische Gutachten in der Kritik 45
      2.4.1 Presseberichte 46
      2.4.2 Empirische Untersuchungen zur Gutachtenqualität 47

3 **Die Hagener Gutachtenstudie** 55
   3.1 Ziele 55

  3.1.1 Ziel 1: Kriteriengeleitete Analyse des in den Gutachten dokumentierten methodischen Vorgehens 55

  3.1.2 Ziel 2: Kriteriengeleitete Analyse der Bindungsdiagnostik 57

 3.2 Methodik und Stichprobenbeschreibung 59

  3.2.1 Gutachtengewinnung, Datenschutz und Repräsentativität 59

  3.2.2 Gutachtenstichprobe 60

  3.2.3 Sachverständige 61

4 Ergebnisse 63

 4.1 Kriteriengeleitete Analyse des in den Gutachten dokumentierten methodischen Vorgehens 63

  4.1.1 Herleitung psychologischer Fragen 63

  4.1.2 Begründung der Auswahl der Datenerhebungsverfahren 65

  4.1.3 Psychometrische Qualität der Datenerhebungsverfahren 67

  4.1.4 Methodenkritische Interpretation von Ergebnissen 75

  4.1.5 Globalrating der wissenschaftlichen Fundierung 77

  4.1.6 Zusätzliche Analysen: Qualifikationsmerkmale des Sachverständigen 79

  4.1.7 Fazit: Qualität des (dokumentierten) diagnostischen Prozesses 79

 4.2 Diagnostik der Bindung des Kindes an primäre Bezugspersonen 81

  4.2.1 Methodisches Vorgehen 82

  4.2.2 Ergebnisse zur Bindungsdiagnostik 83

  4.2.3 Fazit: Qualität der Bindungsdiagnostik 86

5 Diskussion 89

 5.1 Zusammenfassung der wesentlichen Ergebnisse 89

 5.2 Potenzielle Einschränkungen 92

  5.2.1 Angemessenheit der verwendeten Prüfkriterien 92

  5.2.2 Generalisierbarkeit der Ergebnisse 95

 5.3 Rezeption 99

 5.4 Implikationen 104

6 **Praxiskommentare** 107

   6.1 Praxiskommentar aus sachverständiger Sicht von
Dr. Anne Huber und Jörg Paschke 107

   6.2 Praxiskommentar aus richterlicher Sicht von VRiOLG
Joachim Lüblinghoff 112

   6.3 Praxiskommentar aus anwaltlicher Sicht von RA'in
Birgit von Stietencron 115

   6.4 Praxiskommentar aus forensisch-wissenschaftlicher Sicht von
Prof. Dr. Jérôme Endrass 119

7 **Schlusswort** 125

Literatur 127

1 Einleitung

1.1 Problemstellung

Im Jahr 2013 wurden in Deutschland 169.833 Ehen geschieden, 136.064 minderjährige Kinder waren von der daraus resultierenden Veränderung der familiären Konstellation betroffen (Statistisches Bundesamt, 2014a). In vielen Fällen führt eine Scheidung zu gerichtlichen Auseinandersetzungen zwischen den Eltern darüber, wie die Sorge, der Aufenthalt und der Umgang für die gemeinsamen Kinder geregelt werden sollen. In anderen Fällen kommt es zwischen Eltern und Jugendämtern zu Auseinandersetzungen vor dem Familiengericht. Die Jugendämter in Deutschland haben allein im Jahr 2013 42.123 Kinder und Jugendliche in Obhut genommen, da sie sich in einer akuten, sie gefährdenden Situation befanden (Statistisches Bundesamt, 2014b). Familiengerichte haben auf Antrag des Jugendamts nachfolgend nicht selten zu klären, ob zum Schutz des Kindes dauerhafte Einschränkungen der Elternrechte anzuordnen sind. Vor allem in strittigen Fällen beauftragen Familiengerichte psychologische Sachverständige, die die gerichtlichen Entscheidungen durch die Erstellung eines Gutachtens unterstützen sollen. Das Bundesministerium der Justiz und für Verbraucherschutz geht in seinem am 01.06.2015 veröffentlichten Referentenentwurf davon aus, dass in FamFG-Verfahren in Deutschland jährlich insgesamt bis zu 270.000 familienrechtspsychologische Gutachten eingeholt werden (BMJV, 2015a).

Familienrechtspsychologische Gutachten liefern an vielen Familiengerichten einen unverzichtbaren Beitrag zur Entscheidungsfindung. Seit ihrer Etablierung in der Rechtspraxis sind familienrechtspsychologische Gutachten allerdings immer wieder Gegenstand kontroverser Bewertungen. Begutachtete Eltern und ihre Rechtsanwältinnen und Rechtsanwälte kritisieren den Begutachtungsprozess und die resultierenden Empfehlungen, Richterinnen und Richter und andere professionelle Verfahrensbeteiligte äußern Zweifel an der Transparenz und Nachvollziehbarkeit von Gutachten, und auch bei Personen, die nicht direkt in familienrechtspsychologische Begutachtungen involviert sind, gibt es ein öffentliches Interesse an der Thematik, wie zahlreiche Medienberichte belegen (siehe z. B. FAZ, 12.11.2012; PANORAMA, 31.10.2013; PANORAMA 14.08.2014; SZ, 14.02.2012; WDR, 13.10.2014; ZDFzoom, 26.10.2011; 3sat Wissenschaftsdoku, 16.4.2015). Nicht zuletzt existiert ein regelrechter Markt für methodenkritische Stellungnahmen zu familienrechtspsychologischen Gutachten, in welchem psychologische Sachverständige die Qualität und Stichhaltigkeit der Gutachten von Kolleginnen und Kollegen im Nachhinein bewerten und Aussagen über deren

Verwertbarkeit treffen. Die Motivationslagen der Gruppen, die Kritik an der Qualität familienrechtspsychologischer Gutachten äußern, sind sicherlich sehr unterschiedlich. Trotzdem scheint Einigkeit darüber zu herrschen, dass eine intensivere Befassung mit den Qualitätsstandards dieser Gutachten erforderlich ist.

Familiengerichtliche Entscheidungen können gravierende Eingriffe in die Lebenswege von Kindern und Eltern beinhalten. Angesichts der weitreichenden Konsequenzen für die Begutachteten und die Gesellschaft müssen Gutachten, die der Vorbereitung familiengerichtlicher Entscheidungen dienen, höchsten Qualitätsstandards entsprechen. Der Gesetzgeber hat zwar die allgemeinen Anforderungen für die Bestellung zum/r Sachverständigen in §§ 402–414 ZPO geregelt, die genauen Qualifikationsanforderungen an familiengerichtliche Sachverständige wurden bisher jedoch nur in Ausnahmefällen (z. B. bei freiheitsentziehenden Maßnahmen) verbindlich definiert. Ebenso wenig existieren aktuell rechtsverbindliche Qualitätskriterien für die Erstellung von psychologischen Gutachten in Familiensachen und in den Angelegenheiten der freiwilligen Gerichtsbarkeit. Zwar liegen von der Föderation Deutscher Psychologenvereinigungen fachlich verbindliche Richtlinien für die Erstellung psychologischer Gutachten vor (Föderation Deutscher Psychologenvereinigungen, 1994), und in der einschlägigen Gutachtenliteratur (z. B. Salzgeber, 2011; Westhoff & Kluck, 2008) werden diese Vorgaben expliziert. Die Befolgung dieser Richtlinien liegt mangels rechtlicher Vorgaben aber im Ermessen der einzelnen psychologischen Sachverständigen und sie ist dabei für das Familiengericht fachlich nur eingeschränkt nachvollziehbar. Die Einhaltung dieser Standards ist aber unabdingbar, um Verfahrensgerechtigkeit und damit die Gleichstellung aller Bürgerinnen und Bürger vor dem Familiengericht zu gewährleisten und materielle (z. B. Zweitgutachten) sowie ideelle (z. B. psychische Beeinträchtigungen) Folgekosten von nicht fachgerechten psychologischen Gutachten zu verhindern (Rohmann, 2008).

Für den deutschsprachigen Raum liegen trotz der hohen Relevanz des Themas für die Rechtspraxis kaum empirische Untersuchungen zur Qualität familienrechtspsychologischer Gutachten vor. Tatsächlich gab es in den vergangenen 30 (!) Jahren nur vier Untersuchungen größerer Stichproben, die die Qualitätsstandards familienrechtspsychologischer Gutachten systematisch analysierten. Die Erste stammt aus den 1980er-Jahren von einer Projektgruppe an der Universität Freiburg, und wurde vom damaligen Bundesjustiz- und vom Bundesfamilienministerium finanziert; die Ergebnisse blieben allerdings unveröffentlicht (Werst & Hemminger, 1989). Eine zweite Studie wurde von der Arbeitsgruppe von Professor Westhoff an der Technischen Universität Dresden durchgeführt; die Ergebnisse finden sich in zwei als Bücher veröffentlichten Dissertationsarbeiten (Klüber, 1998; Terlinden-Arzt, 1998). Eine dritte Untersuchung wurde von

Leitner in einer familienrechtspsychologischen Fachzeitschrift publiziert (Leitner, 2000). In allen drei früheren Untersuchungen wurden unabhängig voneinander gravierende Qualitätsmängel in einem erheblichen Teil der jeweils untersuchten Gutachten festgestellt. Dass auch von anderen Seiten Zweifel an der Qualität der Gutachten geäußert werden, geht im Übrigen ebenso aus neueren Befragungen von Verfahrensbeteiligten hervor (z. B. Dürr & Dürr-Aguilar, 2012).

Der relative Mangel an empirisch belastbaren Befunden zur Qualität von familienrechtspsychologischen Gutachten in der Rechtspraxis ist auch insofern bemerkenswert, da es für andere Rechtsbereiche erheblich mehr Studien zur Qualitätssicherung gibt. Beispielsweise liegen für die Begutachtung von Sexualstraftaten (vgl. z. B. Häßler & Fegert, 2000; Schläfke et al., 2005; König, Schnoor, Auer, Rebernig, Schläfke & Fegert, 2005) sowie von jugendlichen und heranwachsenden Straftäterinnen und Straftätern Untersuchungen zur Gutachtenqualität vor (vgl. Rotermann, Köhler & Hinrichs, 2009; Kraft, Köhler & Hinrichs, 2008), die erhebliche Qualitätsdefizite in der Begutachtungspraxis aufdecken konnten. Für die Bereiche der Schuldfähigkeits- und Prognosegutachten sowie der aussagepsychologischen Begutachtung wurden im Rahmen der Rechtsprechung bereits Anforderungs- und Qualitätsstandards formuliert (Boetticher, Nedopil, Bosinski & Saß, 2007; Boetticher, Kröber, Müller-Isberner, Böhm, Müller-Metz & Wolf, 2007; vgl. auch BGH 1 StR 618/98 - Urteil v. 30. Juli 1999). Letzteres fehlt für die familienrechtliche Begutachtung weitgehend.

1.2 Die vorliegende Publikation

Ob es sich bei den in Medienberichteten dargestellten Fällen mangelhafter Gutachten um Einzelfälle oder Anzeichen eines Missstandes handelt, kann aufgrund des Mangels an systematischen Studien nicht beurteilt werden. Die wenigen bereits oben genannten Studien sind für die Beurteilung der aktuellen Situation allenfalls bedingt aufschlussreich, weil sie schon bis zu 30 Jahre zurückliegen. Ein übergeordnetes Ziel der im Rahmen dieser Publikation dargestellten Studie bestand daher darin, anhand einer aktuellen Stichprobe zu untersuchen, ob und inwieweit familienrechtspsychologische Gutachten fachlich verbindliche Qualitätskriterien erfüllen. Zu diesem Zweck wurden sämtliche 116 Gutachten untersucht, die an vier Amtsgerichten im OLG-Bezirk Hamm in den Jahren 2010 und 2011 in Auftrag gegeben wurden (zwei Amtsgerichte in Großstädten, zwei Amtsgerichte in Klein- bzw. Mittelstädten). Da es sich damit um Vollerhebungen an den Gerichten handelte, kann im Gegensatz zu früheren Studien ausgeschlossen werden, dass lediglich Gutachten in die Auswertung eingingen, die von Verfahrensbeteiligten selbst als mangelhaft eingeschätzt wurden. Dies ist ein großer methodischer Fortschritt, da die Stichprobe für die untersuchten Amtsgerichte repräsentativ ist.

Die konkreten Bewertungskriterien wurden aus den „Richtlinien für die Erstellung Psychologischer Gutachten" (Föderation Deutscher Psychologenvereinigungen, 1994) und den Empfehlungen der Expertenkommission „Qualitätsstandards für psychodiagnostische Gutachten" im Auftrag der Deutschen Gesellschaft für Psychologie (DGPs, 2011) abgeleitet und anhand der Empfehlungen in fachlich einschlägigen Standardwerken zur familienrechtspsychologischen Begutachtung konkretisiert (z. B. Salzgeber, 2011; Westhoff & Kluck, 2008). Gravierende Mängel beim methodisch-inhaltlichen Vorgehen machen ein Gutachten aus fachlicher Sicht unverwertbar und können auch nicht durch die Güte der schriftlichen Darstellung kompensiert werden. Unsere Studie konzentrierte sich daher konsequenterweise auf eine kriteriengeleitete Analyse des im Gutachten dokumentierten methodischen Vorgehens. Allgemein dient die Einhaltung methodischer Standards im psychologischen Begutachtungsprozess dazu, Urteilsfehler zu minimieren. Eine Analyse des im Gutachten dargelegten methodischen Vorgehens prüft notwendige Voraussetzungen für die Objektivität (Unparteilichkeit), die Validität (Gültigkeit) und die Reliabilität (Zuverlässigkeit) der Beurteilung. Es ist Konsens in der wissenschaftlichen psychologischen Diagnostik, dass das Bemühen um die Erfüllung dieser Gütekriterien im Zentrum jedes fachlich-fundierten diagnostischen Vorgehens stehen muss.

Einzelne Ergebnisse der Studie wurden in einer Reihe von Publikationen berichtet (Stürmer & Salewski, 2014; Salewski & Stürmer, 2015; Stürmer & Salewski, 2015; Stürmer, Salewski, Meyer & Meyer, 2015) und mit Vertreterinnen und Vertretern aus Fachverbänden der Psychologie, der Rechtswissenschaft sowie der Politik diskutiert. Seit der Publikation erster Ergebnisse hat außerdem ein hohes öffentliches Interesse an den Studienergebnissen eingesetzt, das bis heute anhält. Zentrale Befunde wurden u. a. von öffentlich-rechtlichen Rundfunkanstalten und überregionalen Printmedien berichtet (z. B. Der Westen, 02.07.2014; Kölner Stadt-Anzeiger, 03.07.2014, 09.06.2015; FOCUS, 07.07.2014; SZ, 27.09.2014; Westfalen-Blatt, 17.10.2014; Rhein-Zeitung, 11.10.2014; HAZ, 01.11.2014; DER SPIEGEL, 05.01.2015; SPIEGEL ONLINE, 15.06.2015). Wir werden zudem immer noch täglich von Eltern, Jugendämtern, Verfahrensbeiständen und Anwältinnen und Anwälten kontaktiert, die uns ihre persönlichen Erfahrungen mit der familienrechtspsychologischen Begutachtung schildern möchten oder konkrete Ratschläge im Umgang mit daraus resultierenden Belastungen erwarten (und dies, obwohl wir ausdrücklich auf unserem Internetauftritt darauf hinweisen, dass wir keine methodenkritischen Stellungnahmen zu Einzelfällen erstellen). Die vorliegende Publikation beinhaltet eine umfassende Darstellung der empirischen Studie, deren Hauptergebnisse wir bereits beim Termin im Bundesministerium der Justiz im Juli des Jahres vorgestellt haben. In der Publikation werden die Ergebnisse nun systematisch mit den Ergebnissen einschlägiger früherer nationaler und internationaler Studien verglichen. Fragen der Repräsentativität und Aussagekraft der Daten werden ausführlich diskutiert. Um den Stellenwert und die Grenzen der Forschung für die Praxis einschätzen zu können, werden die Forschungsergebnisse in diesem Band von Vertreterinnen und Vertretern dieses Praxisfelds kommentiert. Im Mittelpunkt der Kommentierung (s. Kapitel 6) steht die Bewertung der Forschungsergebnisse zur Gutachtenqualität aus Perspektive der Sachverständigenschaft, der Richterschaft, der Anwaltschaft sowie der forensisch-wissenschaftlichen Psychologie.

2 Theoretischer und praktischer Hintergrund

2.1 Rechtsgrundlagen

Jede psychologisch-gutachterliche Tätigkeit setzt Sachverstand in dem Bereich voraus, auf den sich der gutachterliche Auftrag bezieht. Bei Gutachten, die von Familiengerichten beauftragt werden, betrifft dies neben den spezifischen psychologischen Inhaltsbereichen (z. B. Entwicklungspsychologie, Familienpsychologie) und vertieften psychologisch-diagnostischen Kenntnissen vor allem umfassendes Wissen über die Gesetzesgrundlagen, die den Rahmen abstecken, in dem familienrechtspsychologische Begutachtungen erfolgen. Gesetzliche Regelungen, die bei Fragen zur elterlichen Sorge, zum Umgang, zur Erziehungsfähigkeit oder zur Kindeswohlgefährdung relevant sind, finden sich an verschiedenen Stellen des Rechtssystems (Oberloskamp, 2012). Rechtsbegriffe wie Familie, Kindeswohl, Kindeswohlgefährdung oder elterliche Sorge werden dort eingeführt und sind in ihrer rechtlichen Ausgestaltung verbindlich für die Verwendung durch psychologische Sachverständige. Der Gesetzgeber hat außerdem Regelungen hinsichtlich des gerichtlichen Verfahrens in Familiensachen getroffen, die in Teilen die Arbeit psychologischer Sachverständiger in diesem Rechtsbereich betreffen. Ebenso ist die psychologisch-gutachterliche Tätigkeit selbst, unabhängig von den konkreten Inhalten, eingebettet in eine Reihe von ethischen und gesetzlichen Vorgaben.

2.1.1 Begriffsdefinitionen: Familie, Kindeswohl, Kindeswohlgefährdung, Umgang, Sorge

Familie. Die im Kontext familienrechtspsychologischer Gutachten wichtigen Rechtsbegriffe sind nicht alle explizit und differenziert ausformuliert. So gehört „Familie" zu den unbestimmten Rechtsbegriffen, obwohl es sich hierbei um einen zentralen Begriff handelt. Trotz seiner Verwendung in verschiedenen Gesetzen gibt es keine allgemeingültige gesetzliche Definition (vgl. Dettenborn, 2014).

Im Grundgesetz wird in Artikel 6 auf die Familie als gesellschaftliche Einheit verwiesen. In Absatz 1 wird der Schutz von Ehe und Familie durch die staatliche Ordnung festgeschrieben. In Absatz 2 wird dargelegt, dass die Pflege und Erziehung von Kindern die natürlichen Rechte der Eltern und gleichzeitig ihre Pflichten sind. Dass Kinder gegen den Willen der Erziehungsberechtigten nur auf Grundlage eines Gesetzes von ihnen getrennt werden dürfen (und zwar nur bei drohender Verwahrlosung der Kinder, z. B. aufgrund des Versagens der Erziehungsberechtigten), ist Inhalt von Absatz 3 des sechsten Artikels des

Grundgesetzes. „Familie" wird weiterhin im vierten Buch des BGB (§§ 1297–1921 BGB) im Kontext des Familienrechts verwendet. Hier erfolgen Regelungen der rechtlichen Verhältnisse von Personen, die durch Ehe, Lebenspartnerschaft, Familie und Verwandtschaft (oder durch Verwandtschaft ersetzende Funktionen wie z. B. Pflegschaft) verbunden sind.

Auch in der Familiensoziologie und -psychologie gibt es keine allgemeingültige Definition von Familie, sondern sehr unterschiedliche Begriffsbestimmungen, die unter anderem einem historischen Wandel unterliegen. Aus der Vielfalt von möglichen soziologischen und psychologischen Annäherungen an den Begriff „Familie" hebt Schneewind (2010) vier Kriterien hervor, die Familien von anderen sozialen Beziehungsgefügen unterscheiden. Dies ist zum einen die räumliche und zeitliche Abgrenzung einer Familie von anderen Personen oder Personengruppen und die wechselseitige Bezogenheit der Familienmitglieder; zum zweiten betrifft dies die Privatheit, das heißt das Vorhandensein einer umgrenzten exklusiven Begegnungsmöglichkeit (wie eine Wohnung, aber auch in Form von Medien wie Briefe, Telefon oder Mails). Als drittes Kriterium zählt die Dauerhaftigkeit der Beziehungen und viertens die Nähe in Form von körperlicher, geistiger und gefühlsmäßiger Intimität.

Kindeswohl. „Kindeswohl" oder auch „Wohl des Kindes" ist ein Rechtsbegriff, der an vielen Stellen des Familienrechts und anderer Gesetze, die im Zusammenhang mit familienrechtlichen Fragen Anwendung finden, verwendet wird. Auch hierbei handelt es sich um einen unbestimmten Rechtsbegriff (Scheiwe, 2013), dessen inhaltliche Ausgestaltung sich unter anderem aus verschiedenen gesetzlichen Regelungen erschließt. In § 1697a BGB heißt es, dass das Gericht „… diejenige Entscheidung [trifft], die … dem Wohl des Kindes am besten entspricht". Das Kindeswohl wird hier somit als Primat für Entscheidungen über die Lebensbezüge von Kindern bestimmt, daher ist auch bei der Erstellung familienrechtspsychologischer Gutachten die Orientierung am Kindeswohl ein zentrales Anliegen. Im zweiten Absatz von § 1626 BGB wird indirekt auf das Kindeswohl verwiesen, indem dort festgeschrieben wird, dass Eltern bei der Pflege und Erziehung ihrer Kinder deren zunehmende Autonomie berücksichtigen müssen. In § 1631 BGB, der die Inhalte und Grenzen der Personensorge regelt, heißt es im 2. Absatz, dass Kinder ein Recht auf gewaltfreie Erziehung haben und dass körperliche Bestrafungen, seelische Verletzungen und andere entwürdigende Maßnahmen unzulässig sind. Der Begriff Kindeswohl wird in diesem Kontext nicht verwendet, aber die auszuschließenden Erziehungsmaßnahmen entsprechen einer Negativ-Definition von Bedingungen, die dem Kindeswohl nicht zuträglich sind. Hinweise für die Ausgestaltung des Kindeswohl-Begriffs finden sich im achten Buch des Sozialgesetzbuchs (SGB VIII) in § 1: „Jeder junge Mensch hat ein Recht auf Förderung seiner Entwicklung und auf Erziehung zu einer eigenverantwortlichen und gemeinschaftsfähigen Persönlichkeit". Weiterhin gibt die 1992 von der Deutschen Bundesregierung unterzeichnete UN-Kinderrechtskonvention Hinweise darauf, welche Rechte von Kindern zu wahren sind, die unabdingbar mit dem Kindeswohl verbunden sind: zum Beispiel Schutz vor körperlicher oder geistiger Gewaltanwendung, Misshandlung, Verwahrlosung, schlechter Behandlung oder Ausbeutung (Artikel 19), Erhalt des höchstmöglichen Maßes an Gesundheit (Artikel 24), Gewährung eines körperlich, geistig, seelisch, sittlich und sozial angemessenen Lebensstandards (Artikel 27) und ein Recht auf Bildung (Artikel 28) (siehe auch Castellanos & Hertkorn, 2014).

Wie bereits angemerkt, ist „Kindeswohl" ein unbestimmter Rechtsbegriff. Dettenborn (2008) spricht in diesem Zusammenhang von einer Misere des Kindeswohlbegriffs, die darin begründet sei, dass dieser Begriff nur in einem interdisziplinären Kontext, in dem juristische und psychologische Aspekte zusammengebracht würden, umfassend definiert werden könne. Vor diesem Hintergrund definiert er das Kindeswohl als „… die für die Persönlichkeitsentwicklung eines Kindes oder Jugendlichen günstige Relation zwischen seiner Bedürfnislage und seinen Lebensbedingungen." (S. 577).

Trotz seiner definitorischen Unschärfen ist das Kindeswohl in einem familienrechtlichen Gutachten der zentrale Maßstab zur Beurteilung der aktuellen und zukünftigen Lebensbedingungen von Kindern. Für Risiko- und Schutzfaktoren, die das Kindeswohl beeinflussen können, existieren in der Literatur mehrere Systematisierungs- und Klassifikationsvorschläge, die unterschiedlich ausdifferenziert sind. Beispielsweise nennen Westhoff, Terlinden-Arzt und Klüber (2000) eine Reihe von kindeswohlrelevanten psychologischen Variablen, die durch Inhaltsanalysen von familienrechtlichen Gutachten ermittelt wurden. Dazu gehören: die Bindung des Kindes an die Eltern, der Wille des Kindes, die Kontinuität der Beziehungen, der Betreuung und der Lebensumstände, die Fördermöglichkeiten der Eltern und ihr Verhalten gegenüber dem Kind, die Geschwisterbeziehungen, die Beziehungen des Kindes zu anderen Personen des familiären und sozialen Umfeldes, die Lebensumstände des Kindes, der Entwicklungsstand des Kindes, die Reaktionen des Kindes auf die familiäre Krise, die Besuchskontakte des Kindes zu dem nicht primär betreuenden Elternteil, die Persönlichkeit der Eltern, sowie die Beziehung zwischen den Eltern und ihre Kooperationsbereitschaft. Diese Variablen können wiederum in elternbezogene (z. B. Fördermöglichkeiten, elterliche Persönlichkeit), kindbezogene (z. B. Entwicklungsstand des Kindes) und kontextrelevante (z. B. Kontinuität der Lebensumstände) Kriterien unterteilt werden.

Andere Autorinnen und Autoren (z. B. Gehrmann, 2008; Heiß & Castellanos, 2013) fassen die Kindeswohlkriterien, auch mit Bezug auf die juristische Praxis, etwas anders zusammen und schlagen zum Beispiel diese Klassifikation vor: die Bindungen des Kindes (zu Eltern, Geschwistern, Bezugspersonen), der Wille des Kindes, die Erziehungsfähigkeit der Eltern (psychische und physische Stabilität, biografische Dispositionen, aktuelle persönliche Lebensumstände), die Förderkompetenzen und individuellen Ressourcen der Eltern, die Kontinuität und Stabilität der Beziehungen (wo ist der faktische Lebensmittelpunkt des Kindes?) sowie die Bindungstoleranz und Konfliktfähigkeit der Eltern.

In weiten Bereichen überschneiden sich die vorgeschlagenen Klassifikationen; die Unterschiede liegen eher in der Ausdifferenzierung und der Zuordnung der einzelnen Variablen.

Kindeswohlgefährdung. Mit dem Kindeswohl untrennbar verbunden ist die akute oder drohende Kindeswohlgefährdung. In Art. 6 Abs. 2 Satz 2 GG wird erläutert, dass „die staatliche Gemeinschaft" über die Ausführung der Elternrechte und Elternpflichten – Pflege und Erziehung der eigenen Kinder – wacht. Liegen dem Staat begründete Anhaltspunkte für eine Kindeswohlgefährdung vor, ist er berechtigt und verpflichtet, im Rahmen des sogenannten Wächteramtes seine Kontrollfunktion auszuführen und entsprechende Maßnahmen zum Schutze des Kindes einzuleiten (Dettenborn & Walter, 2002). Der Begriff der Kindeswohlgefährdung entstammt dem Kindschaftsrecht des BGB. Das Kindeswohl gilt demnach als gefährdet, wenn „… das körperliche, geistige oder seelische Wohl des Kindes oder sein Vermögen gefährdet [wird] und die Eltern nicht gewillt oder nicht in der Lage [sind], die Gefahr abzuwenden…" (§ 1666 Abs. 1 BGB). In einem BGH Urteil von 1956 wurde der Begriff etwas geschärft und man versteht darunter „…eine gegenwärtige, in einem solchen Maße vorhandene Gefahr, dass sich bei der weiteren Entwicklung eine erhebliche Schädigung mit ziemlicher Sicherheit voraussehen lässt". Nach Kindler, Lillig, Blüml und Werner (2006) finden sich in den Sozialwissenschaften Beschreibungen der Gefährdungsursachen, die vor allem Misshandlung, Vernachlässigung und sexuellen Missbrauch in den Mittelpunkt stellen.

Durch neuere Rechtsprechung werden der Begriff der Kindeswohlgefährdung und seine Anwendung auf konkrete Lebensbedingungen ausdifferenziert. Laut des Beschlusses des Bundesverfassungsgerichts vom 19.11.2014 „…müssen die Eltern ihre Erziehungsfähigkeit nicht positiv ‚unter Beweis' stellen; vielmehr setzt eine Trennung von Eltern und Kind umgekehrt voraus, dass ein das Kind gravierend schädigendes Erziehungsversagen mit hinreichender Gewissheit feststeht." (1 BvR 1178/14). Grundsätzlich gilt, dass eine Vielfalt von Erziehungsverhalten toleriert wird, solange die Grundbedürfnisse des Kindes nicht verletzt werden

(Dettenborn & Walter, 2002). Solange beispielsweise von der Norm abweichendes Verhalten oder Aussehen der Eltern keine Gefahr für das Kind darstellen, stellt dies keine Einschränkung der Erziehungsfähigkeit dar (Salzgeber, 2008). Eltern brauchen sich demnach nicht auf ein normativ gebilligtes Verhalten zu beschränken, was gleichermaßen für kulturspezifische Lebensführungen von ausländischen Mitbürgerinnen und Mitbürgern gilt. Das Bundesverfassungsgericht verdeutlicht, dass es dem Staat nicht erlaubt ist, „…gegen den Willen der Eltern für eine bestmögliche Förderung der Fähigkeiten des Kindes zu sorgen oder seine Vorstellungen von einer geeigneten Kindererziehung an die Stelle der elterlichen Vorstellungen zu setzen…", und ergänzt, dass Eltern und deren sozioökonomische Verhältnisse grundsätzlich zum Schicksal und Lebensrisiko eines Kindes gehörten (1 BvR 1178/14).

Im Jahr 2013 wurden nach Angaben des Statistischen Bundesamts in 15.067 Fällen gerichtliche Maßnahmen zum vollständigen oder teilweisen Entzug der elterlichen Sorge angeordnet (Statistisches Bundesamt, 2014a). Die Herausnahme von Kindern aus bestehenden Familien oder von einem sorgeberechtigten Elternteil ist die schwerwiegendste Maßnahme, die eine Richterin oder ein Richter zum Schutz des Kindeswohls anordnen kann, und ist erst dann zulässig, wenn der Gefahr nicht auf andere Weise begegnet werden kann, wie beispielsweise mit öffentlichen Hilfen (Salzgeber, 2008; Salzgeber, 2011). Das Familiengericht hat nach § 1666 Abs. 1 BGB zur Abwendung von Gefahren die erforderlichen Maßnahmen zu treffen (z. B. Inanspruchnahme öffentlicher Hilfen bei der Erziehung der Kinder durch die Eltern, Inobhutnahme), solange ein oder mehrere der im Gesetzestext genannten Tatbestandsmerkmale zu einer Gefährdung des Kindeswohls führen können und die Eltern nicht gewillt oder in der Lage sind, die Gefahr eigenständig abzuwenden beziehungsweise Hilfen zur Gewährleistung des Kindeswohls anzunehmen (§ 1666 Abs. 1 BGB, § 8a Abs. 3f. SGB VIII). Grundsätzlich muss bei der Prüfung, ob ein Kind gegebenenfalls in Obhut genommen werden müsse, die Gefahr einer sekundären Kindeswohlgefährdung mit berücksichtigt werden. Von der primären Kindeswohlgefährdung durch Eltern lässt sich die sekundäre Kindeswohlgefährdung durch Professionelle unterscheiden. Sekundäre Kindeswohlgefährdungen entstehen durch Fehlreaktionen auf tatsächliche oder scheinbare primäre Kindeswohlgefährdung. Die prinzipiellen Folgen solcher Fehlreaktionen unterscheiden sich nicht von denen der primären Kindeswohlgefährdung. Es werden auch dabei Lebensbedingungen geschaffen, die im Widerspruch zu den Bedürfnissen des Kindes stehen und seine Persönlichkeitsentwicklung gefährden können (Dettenborn, 2003).

Elterliche Sorge. Im vierten Buch des BGB wird die elterliche Sorge in ihren Bereichen definiert. Dazu gehört nach § 1626, Abs. 1 BGB die Personensorge und die Vermögenssorge für das Kind. Die Personensorge wird in § 1631 Abs. 1 BGB weitergehend definiert: sie „... umfasst die Pflicht und das Recht, das Kind zu pflegen, zu erziehen, zu beaufsichtigen und seinen Aufenthalt zu bestimmen".

Abbildung 1: Teilbereiche der elterlichen Sorge. Adaptiert aus Dettenborn und Walter (2002, S. 214).

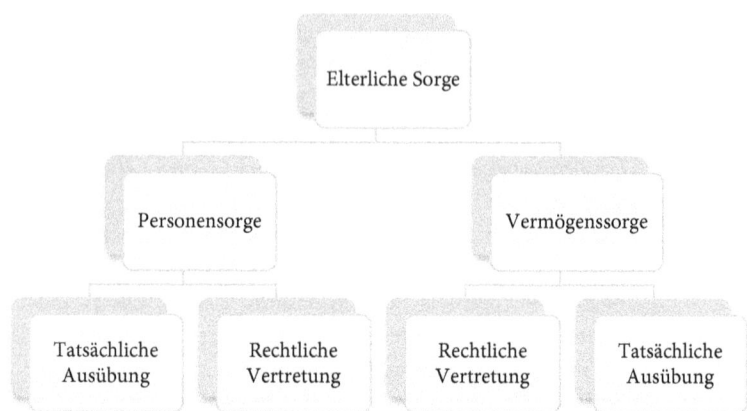

Die gemeinsame elterliche Sorge besteht immer dann, wenn die Eltern eines Kindes miteinander verheiratet sind. § 1626a BGB regelt für nicht verheiratete Eltern, dass ihnen ebenfalls das gemeinsame Sorgerecht zusteht, wenn sie eine gemeinsame Sorgerechtserklärung abgeben oder ihnen das Familiengericht die elterliche Sorge gemeinsam überträgt. Dies gilt jedoch immer unter der Prämisse, dass ein gemeinsames Sorgerecht dem Kindeswohl nicht widerspricht. Grundsätzlich bleibt das gemeinsame Sorgerecht somit auch nach einer Trennung oder Scheidung bestehen. Der Gesetzgeber geht davon aus, dass es dem Kindeswohl am ehesten entspricht, wenn sich beide Elternteile nach der Trennung einvernehmlich das Sorgerecht teilen. Allerdings gibt es nach Dettenborn (2008) keine fundierten wissenschaftlichen Kenntnisse dazu, ob eine gemeinsame Sorgerechtsregelung zwingend dem Kindeswohl dienlich ist. In internationalen Studien konnte nicht bestätigt werden, dass Eltern mit gemeinsamem Sorgerecht eher im Sinne der Kinder handeln als Eltern mit alleinigem Sorgerecht (ebd.).

Eine Übertragung des Sorgerechts auf einen alleinigen Elternteil setzt voraus, dass ein entsprechender Antrag bei einem Familiengericht gestellt und diesem stattgegeben wurde. Dies wird von § 1671 BGB erfasst. In dem ersten Absatz dieses Paragrafen heißt es: „Leben Eltern nicht nur vorübergehend getrennt und steht ihnen die elterliche Sorge gemeinsam zu, so kann jeder Elternteil beantragen, dass ihm das Familiengericht die elterliche Sorge oder Teile der elterlichen

Sorge allein überträgt". Einem solchen Antrag ist stattzugeben, wenn der andere Elternteil zustimmt und/oder die Übertragung der elterlichen Sorge auf einen Elternteil dem Kindeswohl mehr entspricht als ein gemeinsames Sorgerecht. Dieser Fall tritt ein, wenn Grundvoraussetzungen für die Aufrechterhaltung einer gemeinsamen elterlichen Sorge nicht gegeben sind, vor allem wenn die Erziehungseignung eines Elternteils beeinträchtigt ist (z. B. durch Gewaltanwendungen gegen das Kind oder den anderen Elternteil, Vernachlässigung des Kindes oder unzureichende Betreuung) oder die Kooperationsfähigkeit und -bereitschaft eines Elternteils so gering ist, dass eine Ausübung der gemeinsamen elterlichen Sorge in gegenseitigem Einvernehmen (§ 1627 BGB) nicht mehr möglich ist (Heiß & Castellanos, 2013). Können sich die Eltern nicht auf ein gemeinsames Sorgerecht einigen, kann dies zu einer hochkonflikthaften Dynamik führen. Davon sind rund fünf bis zehn Prozent der Eltern betroffen (Castellanos & Hertkorn, 2014). Trotz der relativ geringen Prävalenz sind es genau diese Eltern, die das Helfersystem aus Jugendamt und Familiengericht besonders belasten.

Unter bestimmten Umständen kann das gemeinsame oder alleinige Sorgerecht auch ruhen. Solche Fälle werden zum Beispiel in § 1674 und § 1678 BGB geregelt. Hier ist vorgesehen, dass bei vorübergehenden Beeinträchtigungen die Sorge ruht und zum Beispiel von dem anderen sorgeberechtigten Elternteil alleine ausgeübt wird (§ 1678 Abs. 1 BGB), aber wieder auflebt, wenn der Grund des Ruhens nach Ansicht des Familiengerichts nicht mehr besteht (§ 1674 Abs. 2 BGB).

Wenn sich ein Kind nach einer Trennung der Eltern vorwiegend bei einem Elternteil aufhält, erhält dieser Elternteil nach § 1687 Abs. 1 BGB auch bei gemeinsamer elterlicher Sorge die Alleinentscheidungsbefugnis hinsichtlich der Angelegenheiten des täglichen Lebens (z. B. Freizeitaktivitäten, Nachhilfe, Vereinsmitgliedschaften, Ernährung), während Angelegenheiten von erheblicher Bedeutung (z. B. Wohnsitzverlegung, religiöse Erziehung, Entscheidungen über die Verwendung des Kindesvermögens) von beiden Eltern entschieden werden müssen (Heiß & Castellanos, 2013).

Umgang. Tatsächlich leben viele Kinder nach einer Trennung die meiste Zeit über bei einem Elternteil. Unabhängig davon, ob das Sorgerecht bei beiden Eltern oder einem Elternteil liegt, ist die Ausgestaltung des Umgangs zwischen den Kindern und dem Elternteil, bei dem sie nicht überwiegend leben, ein häufiger Anlass für Konflikte zwischen den Eltern und in der Folge Gegenstand familienrechtspsychologischer Gutachten. Dies kann nach Salzgeber (2011) daran liegen, dass mehr Familien mit minderjährigen Kindern auch nach einer Trennung die gemeinsame Sorge beibehalten. Dadurch finde eine Verlagerung der Konflikte, die vor Gericht ausgetragen werden müssen, auf das Umgangsrecht statt. Das statistische Bundesamt nennt für das Jahr 2012 eine Zahl von rund

1,6 Millionen minderjährigen Kindern, die bei einem Elternteil aufwachsen. Dies entspricht 20 Prozent der Kinder in Deutschland (Statistisches Bundesamt, 2014b). Nach Castellanos und Hertkorn (2014) haben von diesen Kindern nur rund 38 Prozent einen regelmäßigen Umgang mit dem Elternteil, bei dem sie nicht überwiegend leben. Rund 57 Prozent der Kinder unterhalten nur unregelmäßigen Umgang oder haben gar keinen Kontakt mit dem getrennt lebenden Elternteil. Im Zusammenhang mit der elterlichen Sorge wird in § 1626 Abs. 3 BGB geregelt, dass der Umgang mit beiden Elternteilen kindeswohldienlich ist. Unter der Voraussetzung, dass der Kontakt mit beiden Elternteilen tatsächlich entwicklungsförderlich ist, wird in § 1684f. BGB festgeschrieben, dass die Kinder nicht nur die Möglichkeit haben sollen, diesen Kontakt zu pflegen, sondern dass ihnen der Umgang mit beiden Eltern als Recht zusteht. Umgekehrt haben die Eltern nicht nur das Recht, sondern auch die Pflicht zum Umgang. Die Pflege der Beziehung zu weiteren engen Bezugspersonen wie Großeltern, Geschwistern oder anderen Bezugspersonen ist ebenfalls gesetzlich formuliert (§ 1685 BGB). Eine Verletzung des Rechtes auf Umgang liegt laut § 1684 Abs. 2 BGB dann vor, wenn ein Elternteil den Kontakt mit dem anderen Elternteil verhindert.

2.1.2 Gesetzliche Regelungen zum Verfahren in Familiensachen

Seit 2009 werden familienrechtliche Verfahren durch das „Gesetz über das Verfahren in Familiensachen und in den Angelegenheiten der freiwilligen Gerichtsbarkeit" (FamFG) geregelt. Im dritten Abschnitt des zweiten Buchs des FamFG werden die Verfahrensweisen bei Kindschaftssachen ausgeführt. Als Kindschaftssachen sind hier unter anderem Verfahren definiert, die die elterliche Sorge, das Umgangsrecht, die Kindesherausgabe, die Vormundschaft oder die Pflegschaft oder gerichtliche Bestellung eines sonstigen Vertreters für ein Kind betreffen.

Der Notwendigkeit, in Familiensachen schnelle Entscheidungen herbeizuführen, wird in § 155 FamFG (Vorrang und Beschleunigungsgebot: „Das Gericht erörtert ... die Sache mit den Beteiligten in einem Termin. Der Termin soll spätestens einen Monat nach Beginn des Verfahrens stattfinden".) Rechnung getragen. Ein weiteres wesentliches Ziel, das mit dem FamFG zu erreichen versucht wird, betrifft die Einvernehmlichkeit der Beteiligten bei Entscheidungen, die die Kinder betreffen, sofern dies dem Kindeswohl nicht widerspricht (§ 156 Abs. 1 FamFG). Das Erreichen von Einvernehmlichkeit soll dabei gegebenenfalls durch Mediation, andere außergerichtliche Formen der Streitbeilegung oder die gerichtliche Anordnung einer Beratung für die Eltern unterstützt werden. Der Umgang zwischen Eltern und Kindern sowie die Folgen, die eine absichtliche Erschwerung oder Verhinderung des Umgangs nach sich ziehen kann, sind Gegenstand von

§ 165 FamFG. Bei einer Erschwerung oder Verhinderung des Umgangs kann das Gericht auf Antrag eines Elternteils zwischen den Eltern vermitteln oder, sollten Vermittlungsversuche mit dem Ziel der Einvernehmlichkeit nicht erfolgreich sein, auf mögliche Sanktionen (z. B. Ordnungsmittel, Maßnahmen bezüglich der Sorgerechtsregelungen) hinweisen. Das FamFG gibt in § 159 auch eine Altersgrenze vor, die bei einer persönlichen Anhörung des Kindes während des Verfahrens beachtet werden muss. Als Altersgrenze wird hier 14 Jahre angegeben, allerdings können auch jüngere Kinder persönlich angehört werden, wenn dies sinnvoll und notwendig erscheint (§ 159 Abs. 2 FamFG).

Wenn die Gefahr besteht, dass in Kindschaftssachen die Interessen der beteiligten Kinder nicht ausreichend gewahrt werden (z. B. wenn das Sorgerecht der Eltern eingeschränkt oder entzogen werden könnte oder in Verfahren, bei denen es um die Herausgabe der Kinder geht), kann das Gericht einen Verfahrensbeistand bestellen (§ 158 FamFG). In § 162 FamFG wird weiterhin die Beteiligung des Jugendamtes an Verfahren, die die Person des Kindes betreffen, behandelt. Für psychologische Sachverständige bedeutet dies, dass bei einer Begutachtung und Gutachtenerstellung in einer Familiensache neben den direkt Beteiligten eventuell auch Expertinnen und Experten anderer Professionen einzubeziehen sind. Die zeitlichen Fristen und die Zielsetzung von familienrechtlichen Gutachten sind ebenfalls Inhalt des FamFG. In § 163 Abs. 1 FamFG heißt es, dass „… das Gericht dem Sachverständigen zugleich eine Frist [setzt], innerhalb derer er das Gutachten einzureichen hat". In § 163 Abs. 2 FamFG wird eine Spezifizierung des Gutachtenauftrags dergestalt vorgenommen, dass das Gericht anordnen kann, dass Sachverständige auf die Herstellung von Einvernehmen zwischen den Beteiligten hinwirken sollen. Hier wird wiederum Einvernehmlichkeit als oberstes Ziel betont, das auch das gutachterliche Handeln leiten soll. Es wird zu diesem Punkt jedoch kontrovers diskutiert, ob die Vorgabe einer solchen Zielrichtung mit dem Grundsatz der Neutralität und Objektivität vereinbar ist, der bei der Erstellung psychologischer Gutachten gelten muss (Schwarz, 2011). Dass die oder der psychologische Sachverständige im Rahmen des zeitlich begrenzten Gutachtenauftrags (meist drei Monate) das möglich macht, an dem alle vorherigen Instanzen gescheitert sind – nämlich das Einvernehmen im Familienkonflikt herzustellen – erscheint fraglich. Salzgeber, Bergau und Fichtner (2011) stellen zurecht die Frage, über welche Mittel der Gutachter verfügt, die anderen psychosozialen Berufsgruppen nicht zugänglich sind. Denn häufig werden Eltern, die sich in einer ersten Gerichtsverhandlung nicht einvernehmlich einigen können, vom Familienrichter zunächst in eine Beratungsstelle verwiesen (ebd.). Es handelt sich demnach bei Familien, bei denen ein psychologisches Gutachten in Auftrag gegeben wird, um hochkonflikthafte Konstellationen, bei denen im Vorfeld bereits Interventionen wie etwa Mediation oder Beratung gescheitert sind. Für die lösungs- oder interventionsorientierte Begutachtung liegen zwar laut Bergau und Walper (2011) zahlreiche Konzepte vor, jedoch gibt es für die Wirksamkeit der zur Verfügung stehenden Methoden bisher keine aussagekräftigen empirischen Befunde.

2.1.3 Veränderungen der gesetzlichen Regelungen bei Familiensachen

Die gesetzlichen Regelungen, vor deren Hintergrund die Erstellung familienrechtspsychologischer Gutachten erfolgt, verändern sich in Abhängigkeit von politischen und sozialen Prozessen, die mit einem Wandel von Wertvorstellungen hinsichtlich der Institution Familie innerhalb der Gesellschaft einhergehen (Wissenschaftlicher Beirat für Familienfragen beim Bundesministerium für Familie, Senioren, Frauen und Jugend, 2010). Seit 1900 und vor allem in der zweiten Hälfte des 20. Jahrhunderts wurde den gesellschaftlichen Veränderungen durch verschiedene Gesetzesreformen Rechnung getragen. Beispielsweise erfolgte 1957 im Zuge des Gleichstellungsgesetzes die Änderung von der alleinigen elterlichen Gewalt des Vaters, hin zur gleichberechtigt auszuübenden elterlichen Gewalt durch Vater und Mutter. Im Sorgerechtsreformgesetz von 1979 wurde die Formulierung „elterliche Gewalt" in „elterliche Sorge" umgewandelt. Das BGB sah damals eine gemeinsame elterliche Sorge lediglich für verheiratete Eltern vor. Wollte der Vater eines nichtehelichen Kindes die elterliche Sorge erlangen, musste eine Ehelicherklärung erfolgen, wodurch aber die Mutter die Sorge verlor. Die Eltern eines nichtehelichen Kindes konnten kein gemeinsames Sorgerecht erlangen.

Das Kindschaftsrechtsreformgesetz (KindRG) von 1997 hob den Unterschied zwischen ehelichen und unehelichen Kindern auf; diese und eine Reihe weiterer Regelungen kennzeichnen die aktuelle Rechtslage. Durch die Reform wurde die elterliche gemeinsame Sorge bei Unverheirateten möglich, wenn beide eine Sorgeerklärung zur gemeinsamen Sorge des Kindes unterzeichneten. Außerdem regelte das KindRG, dass die gemeinsame elterliche Sorge auch bei nicht nur vorübergehend Getrenntlebenden fortbestehen blieb und dass der Elternteil, bei dem sich das Kind für gewöhnlich aufhielt, alleine über Angelegenheiten des täglichen Lebens entscheiden konnte. Regelungen, die für das Kind von erheblicher Bedeutung waren, bedurften beidseitigen Einvernehmens. Eine Änderung des Sorgerechtes bedurfte nach KindRG eines expliziten Antrages eines Elternteils an das Familiengericht. Lehnte die Mutter die gemeinsame Sorge ab, gab es für den Vater keinen Weg, diese Ablehnung gerichtlich überprüfen zu lassen. Gegen den

Willen der Mutter war ein Wechsel der Alleinsorge von der Mutter zum Vater nicht möglich, es sei denn, die mütterliche Sorge wurde wegen Kindeswohlgefährdung entzogen. Das KindRG beinhaltete auch Veränderungen bezüglich der Umgangsregelung: Das Recht auf Umgang war unabhängig von der Verteilung der elterlichen Sorge geregelt. Ferner hatten nun auch Großeltern, Geschwister, Stiefelternteile und frühere Pflegeeltern ein Umgangsrecht, sofern dies dem Wohl des Kindes diente.

Das Bundesverfassungsgericht erklärte am 21.07.2010 bisherige Regelungen für verfassungswidrig: Es verletze das verfassungsrechtlich geschützte Elternrecht des Vaters, dass ihm das gemeinsame Sorgerecht generell verwehrt bleibt, wenn die Mutter ihre Zustimmung verweigert (1 BvR 420/09). In den vorläufigen Richtlinien von 2010 wurde daher festgehalten, dass der Vater die Entscheidung des Familiengerichts beantragen kann, wenn er eine gemeinsame Sorgeberechtigung wünscht, die Mutter ihre Zustimmung aber verweigert. Das Familiengericht überträgt den Eltern das gemeinsame Sorgerecht (oder einen Teil davon), soweit zu erwarten ist, dass dies dem Kindeswohl entspricht. Eine weitere Reform des Kindschaftsrechts und des Umgangsrechts wurde 2013 verabschiedet. Als Neuerung hat sich ergeben, dass für den Übergang von der gemeinsamen Sorge zur Alleinsorge eines Elternteils eine doppelte Kindeswohlprüfung erforderlich ist, wonach die Auflösung der gemeinsamen Sorge im Interesse des Kindeswohls geboten sein muss und die Übertragung auf den Antragsteller dem Wohl des Kindes am besten entsprechen muss. Dies verändert die Rechte von Vätern unehelicher Kinder, da ein Vater nicht mehr nachweisen muss, dass das gemeinsame Sorgerecht dem Kindeswohl entspricht. Es wird demnach das gemeinsame Sorgerecht zugesprochen, wenn aus rechtlicher Sicht keine Gefährdung des Kindeswohls besteht. Das Kind hat ein geschütztes Recht auf Umgang mit jedem Elternteil und jedes Elternteil hat umgekehrt die Pflicht und das Recht zum Umgang mit dem Kind. Außerdem ist festgehalten, dass die Eltern alles zu unterlassen haben, was die Beziehung des Kindes zum jeweils anderen Elternteil oder die Erziehung erschwert, auch im Falle einer Inobhutnahme des Kindes durch Dritte. Eine Neuerung des Umgangsrechts ist weiterhin, dass der leibliche Vater, der ein ernsthaftes Interesse an dem Kind gezeigt hat, ein Recht auf Umgang mit dem Kind erhält, wenn der Umgang dem Kindeswohl dient. Das gilt unabhängig davon, ob zum Kind bereits eine sozial-familiäre Beziehung besteht oder das Kind einen anderen rechtlichen und/oder sozialen Vater hat.

Zu den Veränderungen, die gesellschaftliche Wandelungsprozesse abbilden, sind auch die Neuerungen zu fassen, die in dem 2009 in Kraft getretenen FamFG festgeschrieben sind. Noch einmal hervorzuheben ist dabei die stärkere Orientierung an den Bedürfnissen des Kindes bei Entscheidungen in Kindschaftssachen, insbesondere hinsichtlich des Bemühens um elterliches Einvernehmen (§ 156 FamFG) und die Verfahrensbeschleunigung (§ 155 FamFG). Ebenso wird in § 161 FamFG die Position von Pflegeeltern gestärkt, indem ihre Anhörung in Verfahren, die das Kind betreffen, explizit ermöglicht wird, wenn das Kind längere Zeit in Familienpflege lebte.

2.2 Rechtsvorschriften und berufsständische Richtlinien für die Erstellung psychologischer Gutachten

2.2.1 Rechtsvorschriften

Für psychologische Sachverständige, die von Gerichten beauftragt werden, gelten eine Reihe rechtlicher Vorschriften. In der Zivilprozessordnung (§§ 402–414 ZPO) und der Strafprozessordnung (§§ 72–85 StPO) finden sich Vorschriften zum Beispiel für die Sachverständigenauswahl, die Leitung der Tätigkeit des Sachverständigen, die Ablehnung eines Sachverständigen, die Pflicht zur Erstattung des Gutachtens, das Gutachtenverweigerungsrecht oder die Folgen der Nichterstattung eines Gutachtens oder der Gutachtenverweigerung. Weitere rechtliche Rahmenbedingungen psychologisch-gutachterlicher Tätigkeit bei gerichtlichen Fragestellungen betreffen etwa die Schweigepflicht (§ 203 StGB) oder Haftungsfragen (§ 839a BGB). Ebenfalls gesetzlich geregelt ist die Abrechnung von Gutachten, die im Auftrag von Gerichten oder Justizbehörden erstellt werden. In §§ 8–14 des Justizvergütungs- und Entschädigungsgesetzes sind die Vorschriften zur Vergütung von Sachverständigen, Dolmetschern und Übersetzern festgelegt, die bei der Rechnungslegung für ein geleistetes Gutachten zugrunde gelegt werden müssen.

Der Gesetzgeber hat zwar die grundsätzlichen Rechte und Pflichten von Sachverständigen in §§ 402–414 ZPO geregelt, die genauen Qualifikationsanforderungen an familiengerichtliche Sachverständige wurden jedoch nur in Ausnahmefällen (z. B. bei freiheitsentziehenden Maßnahmen) verbindlich definiert. Ebenso wenig existieren rechtsverbindliche Qualitätskriterien für die Erstellung von psychologischen Gutachten in Familiensachen und in den Angelegenheiten der freiwilligen Gerichtsbarkeit. Zusammenfassend ist damit festzuhalten, dass es gegenwärtig keine verbindlichen Rechtsvorschriften für die Erstellung psychologischer Gutachten gibt. Da die Erstellung psychologischer Gutachten ein zentrales Tätigkeitsfeld für Psychologinnen und Psychologen ist, haben psychologische Berufsverbände und Interessenvertretungen eigene Regeln, Richtlinien und Empfehlungen entwickelt, die psychologischen Sachverständigen als Orientierung dienen sollen. Wir werden uns im Folgenden daher den berufsständischen Richtlinien dieser Berufsgruppe widmen.

2.2.2 Ethische Richtlinien der DGPs und des BDP

Diplom-Psychologinnen und -Psychologen, die als psychologische Sachverständige bei Gericht tätig werden, müssen ihr professionelles Verhalten an ethischen Maßstäben ihres Berufsstands ausrichten, denn sie haben die Verpflichtung, zum Nutzen der Personen zu handeln, mit denen sie beruflich in Kontakt kommen. Die „Ethischen Richtlinien der Deutschen Gesellschaft für Psychologie e. V. und des Berufsverbands Deutscher Psychologinnen und Psychologen e. V." (DGPs & BDP, 1999) beschreiben diese Maßstäbe und dienen zugleich als Berufsordnung des Berufsverbands Deutscher Psychologinnen und Psychologen e. V.. Ziel der ethischen Richtlinien ist es, den Berufsangehörigen eine gültige Orientierung für ihre praktische Arbeit zu vermitteln und Maßstäbe zu setzen, anhand derer psychologische Tätigkeiten öffentlich überprüfbar werden. Auf diese Weise sollen die aufgestellten Regeln der inneren Ordnung des Berufsstandes dienen und bei Nichteinhaltung von Normen entsprechende Sanktionen ermöglichen.

In der Präambel der Richtlinien wird sowohl auf die allgemeine Verpflichtung von Psychologinnen und Psychologen zu einem verantwortungsbewussten Umgang mit Menschen im beruflichen Kontakt hingewiesen als auch darauf, dass diese Verpflichtung mit einem hohen Anspruch an fachlichen Kenntnissen und Fertigkeiten einhergeht. Der Abschnitt B.IV. der „Ethischen Richtlinien" bezieht sich explizit auf die Erstellung von Gutachten und andere Arten von Berichten und verweist auf das notwendige Vorgehen beziehungsweise auf Kriterien, die an ein Gutachten und damit auch an psychologische Sachverständige zu stellen sind. Diese umfassen im Wortlaut folgende Vorschriften (DGPs & BDP, 1999, S. 10):

- „**IV.1. Sorgfaltspflicht**: Allgemein gilt, dass die Erstellung und Verwendung von Gutachten und Untersuchungsberichten von Psychologen größtmögliche sachliche und wissenschaftliche Fundiertheit, Sorgfalt und Gewissenhaftigkeit erfordert. Gutachten und Untersuchungsberichte sind frist- und formgerecht anzufertigen. Die föderativen Richtlinien für die Erstellung von Gutachten sind zu beachten".
- **IV.2. Transparenz**: Gutachten und Untersuchungsberichte müssen für die Adressaten inhaltlich nachvollziehbar sein.
- **IV.3. Einsichtnahme**: Sind Auftraggeber und Begutachteter nicht identisch, kann das Gutachten bzw. der Untersuchungsbericht nur mit Einwilligung des Auftraggebers den Begutachteten zugänglich gemacht werden. Psychologen sind gehalten, darauf hinzuwirken, dass die Begutachteten ihr Gutachten bzw. den Untersuchungsbericht auf Wunsch einsehen können, sofern für sie kein gesundheitlicher Schaden zu befürchten ist. Falls der Auftrag eine

Einsichtnahme von vornherein ausschließt, müssen die Begutachteten vorab davon in Kenntnis gesetzt werden.
- **IV.4. Gefälligkeitsgutachten**: Gefälligkeitsgutachten sind nicht zulässig, ebenso wenig die Abgabe von Gutachten, die Psychologen durch Dritte ohne eigene Mitwirkung erstellen lassen.
- **IV.5. Stellungnahme zu Gutachten von Kollegen**: Stellungnahmen zu Gutachten von Kollegen sind zulässig, wobei der Abschnitt B.II.2 (1) [Regelungen zur Kollegialität, eigene Einfügung] dieser Ethischen Richtlinien besonders zu beachten ist".

Für die ethischen Richtlinien liegt mittlerweile ein Novellierungsentwurf vor. Der Abschnitt, der sich auf die Erstellung von Gutachten bezieht, bleibt in diesem Entwurf aber weitgehend unverändert.

2.2.3 Föderative Richtlinien für die Erstellung von Gutachten

Von der Föderation Deutscher Psychologenvereinigungen – der Interessenvertretung der Psychologenschaft in Deutschland, in der nach eigenen Angaben durch den Berufsverband Deutscher Psychologinnen und Psychologen e. V. (BDP) und der Deutschen Gesellschaft für Psychologie e. V. (DGPs) über 15.000 Psychologinnen und Psychologen organisiert sind – liegen Richtlinien für die Erstellung psychologischer Gutachten vor (Föderation Deutscher Psychologenvereinigungen, 1994). Die Einhaltung dieser Richtlinien ist für Mitglieder des BDP und der DGPs gemäß B.IV.1. „Sorgfaltspflicht" der gemeinsamen ethischen Richtlinien verbindlich. Die Richtlinien zur Gutachtenerstellung wurden 1985 von einem Gutachten-Ausschuss im BDP (Gutachten-Ausschuss im Berufsverband Deutscher Psychologen, 1985) erarbeitet und nach einer Diskussion mit einer Kommission der DGPs in einer gemeinsam überarbeiteten Version im Jahr 1986 von der Föderation Deutscher Psychologenvereinigungen publiziert. Wie aus dem Vorwort hervorgeht, sollen die Richtlinien „einen Beitrag zur Verbesserung der Qualität Psychologischer Gutachten leisten. Sie verstehen sich als allgemeine Standards, die es ermöglichen, die Angemessenheit des Vorgehens im Einzelfall formal zu überprüfen." (Föderation Deutscher Psychologenvereinigungen, 1994, S. 5). Die Richtlinien spezifizieren im Wortlaut folgende Erhebungs- und Darstellungsprinzipien:

- „Die Auswahl der Untersuchungsverfahren muss aus der Fragestellung herleitbar und nachvollziehbar sein.
- Gutachten sollen in der Regel nicht auf einer einzigen, sondern auf mehreren voneinander unabhängigen Datenquellen beruhen (z. B. Exploration, Verhaltensbeobachtung, unterschiedliche Tests, Akteninhalte).

- Die Befunde, auf die sich die Schlussfolgerungen des Gutachtens stützen, müssen mit ihrer Dokumentations-Quelle genannt werden. Dabei kann auch die Art der Dokumentierung von Bedeutung sein (z. B. Tonbandprotokolle).
- Aussagen von Dritten sind deutlich von den eigenen Aussagen abzuheben.
- Die Sprache des Gutachtens soll für den Adressaten verständlich sein. Herabsetzende und verletzende Ausdrücke müssen vermieden werden, sofern es sich dabei nicht um direkte Rede untersuchter Personen handelt [...].
- Für die Darstellung von Ergebnissen aus Einzelverfahren wird folgende Gliederung vorgeschlagen:
  - Kurzbeschreibung der angewandten psychodiagnostischen Instrumente
  - Beschreibung der für die Fragestellung relevanten Verhaltensweisen des Probanden
  - Mitteilungen der Ergebnisse, die für die Beantwortung der Fragestellung wichtig sind
  - Interpretation der Ergebnisse nach den wissenschaftlich-psychologisch gegebenen Regeln (und, soweit notwendig, Hinweise auf Grenzen der Interpretierbarkeit der Daten).
- Wie der Gutachter zu Befund und Stellungnahme kommt, muss klar erkennbar sein.
- Die Stellungnahme soll die Problemlage sowie die Bedingungen für Entstehung und Aufrechterhaltung des Problems kenntlich machen. In vielen Fällen gehört es zum Gutachterauftrag, über diagnostische Feststellungen hinaus konkrete Maßnahmen vorzuschlagen; diese müssen schlüssig an die diagnostischen Befunde anknüpfen und dem aktuellen Stand der Forschung entsprechen." (ebd., S. 11)

2.2.4 Weitere Entwicklungen

Speziell für den Bereich der Gutachtenerstellung existieren noch weitergehende Verweise auf die Kriterien, die das berufliche Handeln leiten sollen. So haben Westhoff, Hornke und Westmeyer (2003) allgemeine Richtlinien in Einklang mit der European Association of Psychological Assessment zusammengestellt. Diagnostisch tätige Psychologinnen und Psychologen übernehmen demnach die Verantwortung für den diagnostischen Prozess, beachten mögliche Interessenskonflikte, behandeln Klientinnen und Klienten fair und mit Respekt, schätzen mögliche Folgen sowie Nebenwirkungen der Untersuchung für die Probandinnen und Probanden sowie ihre soziale Umgebung ab, verfolgen einen wissenschaftsorientierten Zugang bei der Lösung des anstehenden Problems und machen den diagnostischen Prozess explizit, damit er nachvollzogen, evaluiert und dokumentiert werden kann. Diese Anforderungen finden sich ebenfalls in den „Richtlinien zur Erstellung psychologischer Gutachten" (Föderation Deutscher Psychologenvereinigungen, 1994; vgl. auch Zuschlag, 2006). Dort werden darüber hinaus weitere rechtliche Rahmenbedingungen beschrieben, die für die Tätigkeit von psychologischen Sachverständigen relevant sind. Sowohl auf der Ebene der europäischen Gesetzgebung als auch des deutschen Grundgesetzes gibt es Artikel, die unmittelbar bedeutsam für das diagnostische Handeln sind (Schmidt-Atzert & Amelang, 2012). Im Grundgesetz ist in Artikel 1 der Schutz der menschlichen Würde kodifiziert („Die Würde des Menschen ist unantastbar"). Dies bedeutet für das diagnostische Handeln, dass eine Herabsetzung oder Schädigung der menschlichen Würde in einem diagnostischen Prozess ausgeschlossen sein müssen. In Artikel 2 des Grundgesetzes wird die Freiheit aller Menschen garantiert („Jeder hat das Recht auf die freie Entfaltung seiner Persönlichkeit..."). Dieser Artikel kann in Begutachtungszusammenhängen bedeutsam werden, bei denen keine vollständige Zustimmung aller Beteiligten vorliegt. Auch Artikel 3 („Alle Menschen sind vor dem Gesetz gleich".) ist bei diagnostischen Tätigkeiten und damit auch bei der Erstellung psychologischer Gutachten bindend.

In dem Bemühen, die bestehenden Qualitätsstandards für die Erstellung von psychologischen Gutachten weiterzuentwickeln, hat die DGPs im Jahr 2009 eine Arbeitsgruppe „Qualitätsstandards für psychodiagnostische Gutachten" eingerichtet. Diese Arbeitsgruppe empfiehlt, bei der Beurteilung der Qualität von Gutachten zwischen zwei Arten von Verstößen gegen Anforderungen zu differenzieren: Mängel bzw. Fehler beim methodisch-inhaltlichen Vorgehen und Defizite in der schriftlichen Darstellung, die in der Regel ohne erneute Untersuchung nachträglich korrigiert werden können (z. B. vergessene Unterschrift oder Datumsangaben etc.) (DGPs, 2011, S. 4f). Gravierende Mängel beim methodisch-inhaltlichen Vorgehen machen ein Gutachten aus fachlicher Sicht unverwertbar und können auch nicht durch die Güte der schriftlichen Darstellung kompensiert werden. Die von der Arbeitsgruppe definierten unabdingbaren Qualitätsanforderungen beziehen sich auf zwei Bereiche. Der erste Bereich ist die *wissenschaftliche Fundierung des Vorgehens*. Als Kriterien zählen (im Wortlaut):

- „Bezugnahme auf ein theoretisch begründetes methodisches Vorgehen,
- Formulierung von psychologischen Fragen, die anhand geeigneter diagnostischer Daten überprüfbar sind,
- begründete Auswahl von Verfahren, die eine Prüfung der formulierten psychologischen Fragen ermöglichen,
- begründete Festlegung von Entscheidungskriterien vor der Datenerhebung,

- Berücksichtigung aller Ergebnisse, keine selektive Nutzung von Informationen und
- Ableitung von Schlussfolgerungen unter Beachtung von wissenschaftlich gesicherten Gesetzmäßigkeiten zur Beantwortung der Fragestellung" (DGPs, 2011, S. 6f.).

Der zweite Bereich ist die *Transparenz und Nachvollziehbarkeit* des Gutachtens. So muss nachvollziehbar sein (im Wortlaut):

- „welche spezifischen Fragen bzw. Hypothesen untersucht und warum sie geprüft wurden,
- zu welchen Ergebnissen der Gutachter gekommen ist und auf welchem Weg er sie ermittelte,
- mit welchen Begründungen die gutachterlichen Schlussfolgerungen gezogen wurden,
- auf welchen Informationen die gutachterlichen Beurteilungen beruhen" (ebd.).

Zusammenfassend kann konstatiert werden, dass durch die Fach- und Interessenvertretung der Psychologenschaft in Deutschland seit Mitte der 1980er-Jahre fachlich verbindliche Richtlinien für die Erstellung von psychologischen Gutachten vorliegen. Diese Richtlinien gelten auch für die Erstellung von familienrechtspsychologischen Gutachten. Die Qualitätsstandards sind in den vergangenen Jahren unter Bezugnahme auf neuere fachliche Erkenntnisse wiederholt weiterentwickelt worden.

2.2.5 Qualitätssicherungsmaßnahmen durch psychologische Fachverbände

Die Formulierung von fachlichen Richtlinien zur Erstellung von Gutachten stellt ein zentrales Element der Qualitätssicherung dar. Entscheidend für die Rechtspraxis ist allerdings, dass die Richtlinien auch regelhaft in der Gutachtenerstellung zur Anwendung kommen. Dies kann allerdings vor dem Hintergrund fehlender gesetzlicher Regelungen nicht ohne Weiteres als gegeben gelten. So sind die Föderativen Richtlinien zur Erstellung von Gutachten zwar von Mitgliedern des BDP und der DGPs gemäß ethischer Richtlinien bei der Gutachtenerstellung verbindlich zu beachten, da der Gesetzgeber jedoch keine Qualifikationsanforderungen für psychologische Sachverständige spezifiziert hat, gelten diese Richtlinien nicht für psychologische Sachverständige, die nicht diesen Verbänden oder anderen Berufsgruppen angehören. Die Befolgung dieser Richtlinien liegt daher mangels verbindlicher rechtlicher Vorgaben weitgehend im Ermessen des einzelnen psychologischen Sachverständigen.

BDP und DGPs haben sich in den vergangenen Jahrzehnten für eine Reihe weiterer Maßnahmen zur Verbesserung und Sicherung der Qualität von Gutachten eingesetzt. Hierzu gehört zunächst das Bemühen, dass Studierende der Psychologie im Rahmen der universitären Ausbildung die Kenntnisse der „Qualitätsstandards" sowie die Fähigkeit zu deren sachgerechter Anwendung erwerben. So fordert beispielsweise die Arbeitsgruppe „Qualitätsstandards für psychodiagnostische Gutachten": „Im Rahmen der Lehrveranstaltungen im diagnostischen Curriculum soll den Studierenden die Bedeutung der „Qualitätsstandards" vermittelt werden. Die Studierenden sollen lernen, psychologisch-diagnostische Gutachten so zu erstellen, dass sie den dort genannten Qualitätsanforderungen für eine verantwortungsvolle Begutachtungspraxis gerecht werden." (DGPS, 2011, S. 16). Es gibt allerdings Hinweise darauf, dass in der universitären Psychologieausbildung wesentliche diagnostisch-methodische Inhalte (z. B. zur Durchführung von Interviews oder für systematische Verhaltensbeobachtungen) nicht in der notwendigen Tiefe oder auch gar nicht gelehrt werden (Schmidt-Atzert, Kersting, Preckel, Westhoff & Ziegler, 2012), sodass nicht davon auszugehen ist, dass jede Absolventin und jeder Absolvent eines Diplom- oder Masterstudiengangs Psychologie über die notwendigen Fertigkeiten und Kenntnisse verfügt, die für die Erstellung familienrechtspsychologischer Gutachten erforderlich sind.

Die Erkenntnis, dass ein Diplom-Abschluss in Psychologie nicht hinreichend auf eine rechtspsychologische Sachverständigentätigkeit vorbereitet, hat bereits Mitte der 1990er-Jahre dazu geführt, dass BDP und DGPs als weiteres Element der Qualitätssicherung ein zertifiziertes Weiterbildungsstudium zum *Fachpsychologen Rechtspsychologie* entwickelten. Andere Institutionen und Verbände bieten mittlerweile ähnliche Weiterqualifikationen an. Wie viele psychologische Sachverständige vor Aufnahme einer eigenverantwortlichen Sachverständigentätigkeit eine rechtspsychologische Weiterqualifizierung abschließen, ist allerdings nicht bekannt. BDP und DGPs haben eine Liste mit den durch die von ihnen angebotene Weiterbildung qualifizierten Fachpsychologen Rechtspsychologie veröffentlicht. Auf dieser Liste werden gegenwärtig 281 Fachpsychologen geführt. Berücksichtigt man, dass die Ausbildung seit 1995 angeboten wird, erscheint diese Anzahl zu gering, um dem Bedarf an in dieser Form qualifizierten Sachverständigen zu begegnen. Die Weiterqualifizierungsangebote im Bereich Rechtspsychologie sind außerdem kosten- und zeitintensiv. Solange eine fachliche Weiterqualifikation im Bereich der Rechtspsychologie nicht verbindlich vorgeschrieben ist, gibt es also auch Gründe, eine solche Weiterqualifikation nicht zu absolvieren.

Schließlich ist darauf hinzuweisen, dass in den ethischen Richtlinien des BDP und der DGPs festgeschrieben ist, dass Verstöße gegen die formulierten Regeln unabhängig von einer gerichtlichen Ahndung durch das Ehrengericht der Deutschen Gesellschaft für Psychologie e. V. (DGPs) bzw. durch das Ehrengericht des Berufsverbands Deutscher Psychologinnen und Psychologen e. V. (BDP) verfolgt werden (DGPs & BDP, 1999, S. 17). Da gemäß B.IV. der „Ethischen Richtlinien" die Föderativen Richtlinien zur Erstellung vor Gutachten zu beachten sind, besteht durch diese Regelung die Möglichkeit der Sanktionierung von Verstößen durch ein Verbandsgericht. Aus einem Bericht des BDP geht hervor, dass tatsächlich häufig Beschwerden über Sachverständige an das Gericht herangetragen werden. Allerdings würde „meist jedoch zunächst kein Verfahren vor dem Schieds- und Ehrengericht eingeleitet, weil die Gerichtsverfahren, in denen Gutachten erstellt worden sind, noch nicht abschlossen sind" (Frederichs, 2010, S. 344). Weiter heißt es: „Viele Beschwerdeführer halten ihre Beschwerde vor diesem Hintergrund nicht aufrecht bzw. melden sich später nicht mehr. Angesichts der wenigen verbleibenden Beschwerden gegen Sachverständige, mit denen sich das Schied- und Ehrengericht beschäftigt, werden statistisch gesehen, die Verfahren überwiegend eingestellt." (ebd., S. 344). Die Rolle, die das Schieds- und Ehrengericht (seit 2014: nur noch Ehrengericht) des BDP im Hinblick auf die Qualitätssicherung leistet, kann vor diesem Hintergrund nicht beurteilt werden.

Als Fazit ist festzuhalten, dass es gegenwärtig kein verbindliches oder flächendeckendes Qualitätssicherungssystem gibt. Die Föderativen Richtlinien zur Erstellung psychologischer Gutachten sind im Sinne verbandsrechtlicher Vorschriften zwar für die Mitglieder des BDP und der DGPs verbindlich, sie haben aber keine rechtliche Verbindlichkeit für andere Berufsgruppen oder Mitglieder. Systematische Evaluationen, die Rückschlüsse darüber erlauben, ob und in welchem Umfang die in den Föderativen Richtlinien definierten Qualitätskriterien von psychologischen Sachverständigen in der Rechtspraxis beachtet werden, liegen nicht vor.

2.3 Psychodiagnostische Grundlagen

Die Erstellung psychologischer Gutachten erfordert die Anwendung vertieften psychologisch-diagnostischen Wissens und entsprechender Handlungskompetenzen. Das in der Psychologie konsensual geteilte Wissen über die Prozessabfolgen psychologischer Diagnostik und die Gestaltung psychologischer Gutachten bildet daher den Hintergrund familienrechtspsychologischer Gutachten.

2.3.1 Der diagnostische Prozess

Als Gegenstand psychologischer Diagnostik wird in einer Definition von Schmidt-Atzert und Amelang (2012) die Beantwortung von Fragestellungen, die sich auf die Beschreibung, Klassifikation, Erklärung oder Vorhersage menschlichen Verhaltens und Erlebens beziehen, benannt. Die Fragestellungen ergeben sich aus Situationen, in denen Entscheidungen getroffen werden müssen – z. B. hinsichtlich der Einstellung oder Ablehnung bei einer Stellenbewerbung, einer Schullaufbahnentscheidung, der Finanzierung einer Umschulungsmaßnahme oder der Entscheidung darüber, ob ein Kind mit einem Elternteil regelmäßigen Umgang haben sollte. Psychologische Diagnostik bezieht sich somit häufig auf komplexe Situationen, in denen psychologisches Fachwissen das Finden einer möglichst guten oder richtigen Entscheidung unterstützen soll. In den genannten Beispielen werden psychologische Sachverständige von anderen Professionen angefragt, um in die Entscheidungsfindung spezifisches psychologisch-diagnostisches Wissen einzubringen, über das die auftraggebenden Instanzen (z. B. Wirtschaftsunternehmen, Schulen, Gerichte) nicht verfügen. Nicht selten ist in solchen Entscheidungsfindungsprozessen der Beitrag psychologischer Sachverständiger von hoher Bedeutung und hat einen wichtigen Anteil an der letztendlichen Entscheidung.

Unabhängig von dem Inhalt erfolgt der Prozess psychologischer Diagnostik in einer Abfolge von Schritten, die sicherstellen, dass es sich um einen wissenschaftlichen, hypothesengeleiteten Vorgang handelt. Jäger (2006) hebt in diesem Zusammenhang hervor, dass es sich bei dem diagnostischen Prozess um eine zeitliche, organisatorische, strategische und personale Erstreckung zwischen vorgegebenen, zunächst allgemeinen und später präzisierten Fragestellungen sowie deren Beantwortung handelt. Am Anfang steht eine Fragestellung, am Ende die Beantwortung der Fragestellung in Form eines diagnostischen Urteils, das den auftraggebenden Instanzen als Entscheidungshilfe dienen kann.

Eine Schematisierung der Schritte und Rückmeldeschleifen, die den diagnostischen Prozess ausmachen, haben Schmidt-Atzert und Amelang (2012) vorgenommen (Abbildung 2). Angestoßen wird der diagnostische Prozess durch Auftraggeber (im Falle von familienrechtspsychologischen Gutachten Familiengerichte), die für die Lösung einer Problemsituation psychologischen Sachverstand einholen und bestimmte Fragen aus psychologischer Sicht beantworten lassen wollen.

Häufig sind die Fragestellungen, die an die psychologischen Sachverständigen herangetragen werden, zunächst eher unspezifisch gestellt, sodass sie zwar den Wissensbedarf ausdrücken, aber noch nicht die Form von präzisen und prüfbaren Fragen haben. In diesem Fall muss mit der auftraggebenden Instanz geklärt werden, welche aus psychologischer Sicht beantwortbaren Fragen sich aus der allgemeinen Fragestellung ableiten lassen. Unter Berücksichtigung der Vorinformationen, die zu dem Fall vorliegen, wird die nunmehr präzisierte allgemeine Fragestellung in theoretisch begründete und psychologisch

Abbildung 2: Diagnostischer Prozess (nach Schmidt-Atzert & Amelang, 2012)

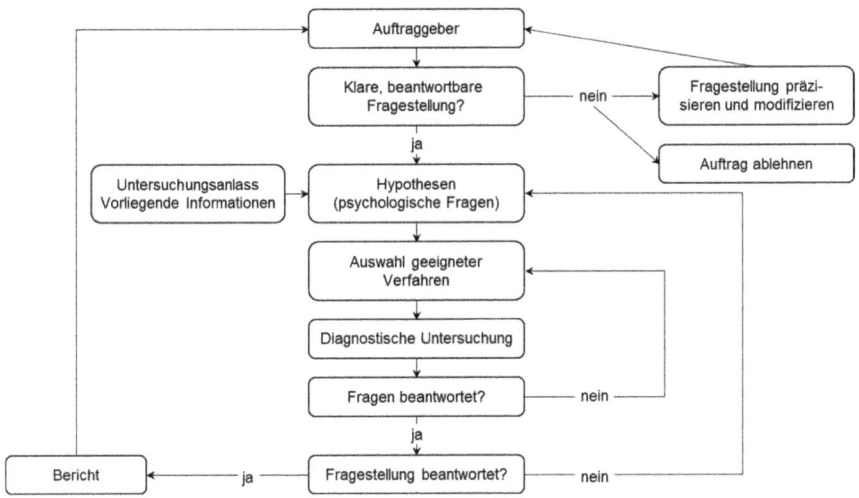

überprüfbare Einzelfragestellungen oder Hypothesen aufgegliedert. Anschließend werden diagnostische Verfahren ausgewählt, die geeignet scheinen, um die Fragestellungen zu prüfen. Diese Verfahren werden eingesetzt, die Daten werden erhoben und ausgewertet und sind die Basis für die Prüfung der einzelnen psychologischen Fragestellungen. Stellt sich heraus, dass anhand der erhobenen Daten die psychologischen Fragen nicht beantwortet werden können, muss an dieser Stelle des diagnostischen Prozesses eine Rückwärtsschleife erfolgen und erneut nach diagnostischen Verfahren gesucht werden, die besser als die bisher eingesetzten Instrumente aussagekräftige Daten für den vorliegenden Fall liefern. Lässt die Beantwortung der psychologischen Einzelfragen eine begründete Beantwortung der Ausgangsfragestellung zu, dann wird diese als abschließendes diagnostisches Urteil an die Auftraggeber weitergegeben. Falls sich im Verlauf des diagnostischen Prozesses herausstellt, dass die Ausdifferenzierung der Ausgangsfragestellung nicht alle wichtigen Aspekte berücksichtigt hat, dann muss im diagnostischen Prozess noch einmal zum Teilschritt der Formulierung psychologischer Fragen zurückgegangen werden.

2.3.2 Gutachten und der diagnostische Prozess

In der Abfolge der Teilschritte des diagnostischen Prozesses steht am Ende ein Bericht, der in Form eines mündlichen oder schriftlichen psychologischen Gutachtens erfolgt. In dem Gutachten wird die Abfolge der Schritte, die zur Bildung eines diagnostischen Urteils geführt haben, beschrieben und das diagnostische Urteil in einem Befund nachvollziehbar begründet.

Die Arbeitsgruppe „Qualitätsstandards für psychodiagnostische Gutachten" im Auftrag der Deutschen Gesellschaft für Psychologie (DGPs) hat sich intensiv mit den Merkmalen psychologischer Gutachten auseinandergesetzt und definiert diese folgendermaßen:

> Ein psychologisch-diagnostisches Gutachten ist ein Bericht über die Beantwortung von konkreten Fragestellungen, die eine Person oder eine Gruppe von Personen betreffen. Die Antwort kommt durch Anwendung wissenschaftlich anerkannter Methoden und Kriterien nach feststehenden Regeln der Gewinnung und Interpretation von Daten zustande. Der zur Beantwortung der Fragestellung führende diagnostische Prozess wird transparent und nachvollziehbar dargestellt. Er umfasst die Herleitung psychologischer Fragen, die Auswahl und Anwendung von Erhebungsmethoden, die Darstellung und Interpretation der Ergebnisse sowie die Beantwortung der Fragestellung(en). (DGPs, 2011, S. 4)

In dieser Definition finden sich alle bisher angesprochenen wesentlichen Aspekte psychodiagnostischen Vorgehens wieder. Das Gutachten dient der Beantwortung einer konkreten Fragestellung, für die psychologisches Fachwissen erforderlich ist. Die Beantwortung dieser Frage erfolgt durch einen diagnostischen Prozess, der nach feststehenden Regeln und unter Verwendung wissenschaftlicher Regeln, Theorien und Methoden abläuft und in Form eines Berichts zurückgemeldet wird. Die Definition macht weiterhin deutlich, dass psychodiagnostische Gutachten sowohl in einem diagnostischen Prozess erstellt werden als auch das Endergebnis dieses Prozesses sind. Beides ist untrennbar miteinander verbunden, denn das Resultat der Gutachtenerstellung, also der Bericht, in dem die Fragestellung beantwortet wird, kann nur durch den Prozess der Gutachtenerstellung erreicht werden.

In den Empfehlungen der DGPs (2011) werden die Transparenz und Nachvollziehbarkeit eines Gutachtens als Mindestanforderungen bezeichnet. Wird gegen die Forderungen dieser Mindeststandards verstoßen, ist das Gutachten nicht brauchbar. Dabei werden einige Punkte benannt, die im Sinne von unabdingbaren Anforderungen erfüllt sein müssen. Es muss nachvollziehbar sein:

- welche spezifischen Fragen beziehungsweise Hypothesen untersucht und warum sie geprüft wurden,
- zu welchen Ergebnissen die Sachverständigen gekommen sind und auf welchem Weg sie sie ermittelten,
- mit welchen Begründungen die gutachterlichen Schlussfolgerungen gezogen wurden,
- auf welchen Informationen die gutachterlichen Beurteilungen beruhen.

Die genannten Schritte sind sprachlich derart wiederzugeben, dass der Adressat sie inhaltlich nachvollziehen kann. Die dargestellten Anforderungen an die Nachvollziehbarkeit sind deshalb wichtig, da nur so sichergestellt werden kann, dass die Urteile des Sachverständigen auf wissenschaftlichen Erkenntnissen basieren. Werden Schlussfolgerungen aufgrund von impliziten Annahmen gezogen und basiert die Untersuchung der oder des Sachverständigen auf den persönlichen Erfahrungen und nicht-hinterfragten Stereotypen, können sich Fehler und Verzerrungen in den Prozess einschleichen (Castellanos & Hertkorn, 2014). Ein entscheidungsorientiertes diagnostisches Handeln muss sich aus diesen Gründen von der alltäglichen Personenwahrnehmung unterscheiden. Eines der wichtigsten Anliegen der Diagnostik ist es, möglichst unverzerrte Informationen zu gewinnen und sie in einer objektiven und sachgerechten Form zu diagnostischen Aussagen zu kombinieren (Westhoff & Kluck, 2014, S. 113).

Gelegentlich werden verschiedene Arten mündlicher und schriftlicher Berichte, mit denen psychologisch-diagnostische Fragestellungen beantwortet werden, als „Gutachten" bezeichnet. Die Berichte unterscheiden sich aber dahingehend, wie umfangreich die zugrundeliegende Fragestellung ist, ob eine eigenständige Datenerhebung durch die psychologischen Sachverständigen erfolgt und ob sich der Bericht auf den gesamten diagnostischen Prozess oder ausschließlich auf das diagnostische Urteil bezieht. Abzugrenzen ist das psychologische Gutachten daher von einer psychologischen Stellungnahme, die zum einen eine bewertende Aussage zu einem anderen Gutachten meint. Zum anderen wird auch die Beantwortung einer (meist eingeschränkten) Einzelfragestellung, die ohne eigene Befunderhebung erfolgt, als (psychologische) Stellungnahme bezeichnet. Schließlich muss auch der Untersuchungsbefund begrifflich vom psychologischen Gutachten unterschieden werden. Der Befund enthält verständlich aufbereitete Aussagen über die Ergebnisse einer Untersuchung mit psychologischen Verfahren; er stellt die Essenz des diagnostischen Prozesses dar. Der Befund ist Teil eines Gutachtens, aber nicht identisch mit ihm (Zuschlag, 2006).

2.3.3 Bestandteile psychologischer Gutachten

Zur Abfassung von schriftlichen Gutachten gibt es keine verbindlichen Vorschriften oder Vorgehensweisen, die für alle Arten von Gutachten und für alle Einzelfälle grundsätzlich anwendbar wären. Es existieren jedoch eine ganze Reihe von Vorschlägen zur inhaltlichen Struktur und formalen Gestaltung von Gutachten, die im Sinne von „best practice"-Erfahrungen aus gutachterlicher Praxistätigkeit zu verstehen sind (z. B. Boerner, 2004; Fisseni, 2004; Proyer &

Ortner, 2010; Westhoff & Kluck, 2014; Zuschlag, 2006). Exemplarisch sei hier auf die Gliederung von Westhoff und Kluck (2014, Abb. 3) verwiesen:

Abbildung 3: Gliederung eines psychologischen Gutachtens (nach Westhoff & Kluck, 2014)

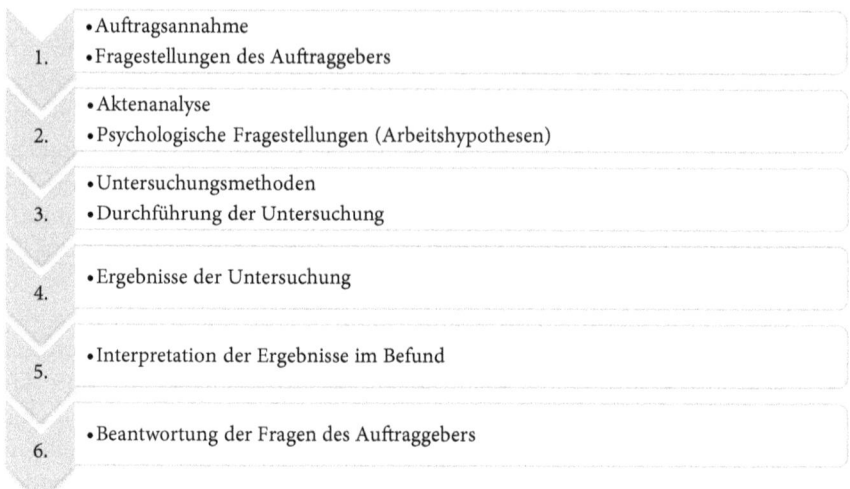

Die Abfolge der Bestandteile psychologischer Gutachten verdeutlicht die enge Verzahnung mit den Schritten des diagnostischen Prozesses, vor allem in Bezug auf zentrale Gliederungspunkte eines Gutachtens, wie die Vorabinformationen aus den Akten, die psychologischen Fragen, die Beschreibung und Begründung der ausgewählten Untersuchungsmethoden, und auch auf die Integration von Untersuchungsergebnissen in einem Befund.

2.3.3.1 Fragestellung(en) der Auftraggebenden

Die Ausgangsfragestellung ist, gerade wenn sie von Gerichten oder anderen Behörden in Auftrag gegeben wird, schriftlich fixiert. In anderen Fällen kann ein Gutachtenauftrag auch mündlich erfolgen, sodass es keinen festgelegten Wortlaut der gerichtlichen Frage gibt. Die oder der psychologische Sachverständige muss die Fragestellung vor Übernahme des Gutachtenauftrags daraufhin bewerten, ob sie generell bearbeitet werden kann. Bei Westhoff, Terlinden-Arzt und Klüber (2000) oder bei Proyer und Ortner (2010) findet sich eine Reihe von Kriterien zur Prüfung der Ausgangsfragestellung: sie muss mit psychologischen Mitteln beantwortbar und ergebnisoffen formuliert sein, sie muss Hinweise auf die Bedingungen des konkreten Einzelfalls enthalten sowie ethisch verantwortbar sein (für eine kritische Auseinandersetzung mit einer beispielhaften gerichtlichen Fragestellung s. Westhoff & Kluck, 2014, S. 168f.).

2.3.3.2 Aktenanalyse

Bereits vor der Aufnahme der eigentlichen gutachterlichen Tätigkeit ist das Aktenstudium nach Rohmann (2008) eine Mindestvoraussetzung bei der Sachverständigentätigkeit. Sofern nicht im (gerichtlichen) Auftrag der explizite Verzicht einer Darstellung der Aktenanalyse gefordert wird, sollte diese angefertigt werden (Salzgeber, 2011).

Der Sachverständige sollte bereits aus den Fragen des Beweisbeschlusses psychologische Kriterien (psychologische Fragestellungen) definieren, die in der Regel für die familiengerichtliche Fragestellung relevant sein können. Anhand dieser allgemeinen diagnostischen Hypothesen sollten die Aktenanalyse bzw. die Sichtung der Anknüpfungstatsachen durchgeführt werden (Salzgeber, 2011; Westhoff & Kluck, 2014). Bevor eine Untersuchungsstrategie für den spezifischen Fall ausgearbeitet wird, sollten auf Grundlage der Aktenanalyse weitere fallspezifische psychologische Fragestellungen formuliert werden. Dies kann aus mehreren Gründen angebracht sein; beispielsweise können durch die konkreten Fallinformationen völlig neue Hypothesen entstehen oder die bereits formulierten allgemeinen Hypothesen müssen angepasst werden (Westhoff & Kluck, 2014). Auch können Doppeluntersuchungen vermieden werden, wenn Ergebnisse aus Voruntersuchungen zu der Fragestellung beitragen können. Dies ist besonders im Hinblick auf die Verpflichtung zur Ökonomie im Sachverständigenvorgehen wichtig (Salzgeber, 2011).

Es gibt unterschiedliche Meinungen zu der Frage, an welcher Stelle im schriftlichen Gutachten die Analyse der Vorabinformationen erscheinen soll, wie diese Informationen aus gutachterlicher Perspektive zu bewerten sind, in welcher Form sie präsentiert werden und wie ausführlich die Vorabinformationen in das Gutachten eingehen sollen und dürfen. Westhoff und Kluck (2014) nennen zwei Stellen im Gutachten, an denen die im Vorfeld entstandenen Informationen eingehen können. Sie beschreiben, dass eine Analyse dieser Informationen entweder vor der Übersetzung der Auftrags-Fragestellung in psychologische Fragen erfolgen kann oder als Teil der Ergebnisdarstellung; die Vorabinformationen haben damit den Stellenwert von Anknüpfungstatsachen. Während diese Position die Analyse der Vorabinformationen explizit auch (je nach Einzelfall) in einem frühen Stadium der Gutachtenerstellung verortet, wird in anderen Darstellungen (z. B. bei Zuschlag, 2002) darauf verwiesen, dass Informationen aus früheren problemrelevanten Zusammenhängen als Datenquellen zu betrachten sind. Wie andere Untersuchungsergebnisse, etwa die Inhalte von Explorationen oder Beobachtungsergebnisse, würden sie bei diesem Vorgehen unter dem Gliederungspunkt „Untersuchungsergebnisse" dokumentiert werden.

2.3.3.3 Psychologische Fragen (Arbeitshypothesen)

Die Übersetzung der gegebenenfalls modifizierten Ausgangsfragestellung in prüfbare psychologische Fragen oder (Arbeits-)Hypothesen ist das Kernstück der diagnostischen Tätigkeit, denn psychologische Fragen haben eine zentrale Funktion in einem psychologischen Gutachten. Sie definieren die Zielsetzung des Vorgehens, begründen die Auswahl der diagnostischen Verfahren und leiten die Interpretation der Ergebnisse im Befund. Die Beantwortung der Ausgangsfragestellung(en) ist nicht losgelöst von den psychologischen Fragen möglich (Westhoff & Kluck, 2014). Das hypothesengeleitete Vorgehen in einem psychologischen Gutachten, durch die Erstellung von psychologischen Fragestellungen, stellt nach den Empfehlungen der DGPs (2011) eine unabdingbare Qualitätsanforderung an das Gutachten dar. Wird diese Anforderung nicht eingehalten, ist das Gutachten nicht verwertbar.

In der konkreten Arbeit am Einzelfall besteht eine der zentralen Anforderungen bei der Formulierung psychologischer Fragen für die psychologischen Sachverständigen darin, begründet zu entscheiden, welche Variablen bei der vorliegenden Problemstellung herangezogen werden müssen, um relevante Zusammenhänge aufzudecken. Bei der Entscheidung, welche der Variablen mit welchem Gewicht in die Formulierung der psychologischen Fragen einbezogen werden sollen, müssen alle verfügbaren psychologischen und anderen Wissensbestände einbezogen werden. Die Formulierung der psychologischen Fragen ist daher im weiteren Vorgehen eng an die Operationalisierung der Variablen im Sinne eines Untersuchungsplans geknüpft. Es werden sinnvollerweise ausschließlich solche Variablen in die psychologischen Fragen aufgenommen, für die es psychodiagnostische Erfassungsmethoden gibt. Weiterhin muss nachvollziehbar sein, auf welcher theoretischen Grundlage die psychologischen Fragen basieren, um die Transparenz des diagnostischen Vorgehens zu gewährleisten. Dies ist besonders dann wichtig, wenn unterschiedliche theoretische Positionen zu einem psychologischen Konstrukt existieren.

2.3.3.4 Auswahl der Untersuchungsmethoden

In einem diagnostischen Prozess können prinzipiell alle Methoden des psychodiagnostischen Instrumentariums verwendet werden, sofern sie für die vorliegende Fragestellung geeignet sind. Die Auswahl der Untersuchungsmethoden wird in einem Untersuchungsplan festgehalten. Der Bezug zu den gebildeten psychologischen Fragen (Arbeitshypothesen) sollte dabei deutlich gemacht werden. Zu dem Methodenspektrum bei familienrechtspsychologischen Gutachten gehören vor allem (vgl. Proyer & Ortner, 2010):

- Explorationen (auch: Anamnese, entscheidungsorientiertes Gespräch, diagnostisches Gespräch, Interview),
- Verhaltensbeobachtungen,
- Fragebogen- und Testverfahren, voll standardisierte Checklisten,
- projektive / semiprojektive Verfahren,
- Dokumentenanalysen.

Da im Zusammenhang mit Vorabinformationen bereits auf Dokumentenanalysen eingegangen wurde, werden im Folgenden Explorationen, systematische Verhaltensbeobachtungen, Fragebogenverfahren und projektive/semiprojektive Verfahren vor allem in Hinblick auf Qualität und mit Bezug zu ihrer Anwendung bei familienrechtspsychologischen Gutachten kurz charakterisiert.

Psychologische Erhebungsverfahren lassen sich anhand von Qualitätsmerkmalen oder Gütekriterien bewerten. Bei den Gütekriterien lassen sich Haupt- und Nebengütekriterien unterscheiden. Hauptgütekriterien sind die Objektivität, die Reliabilität und die Validität eines Verfahrens sowie die Normierung (z. B. Schmidt-Atzert & Amelang, 2012). Ein Verfahren ist objektiv, wenn das Ergebnis unabhängig von der Person ist, die das Verfahren anleitet, auswertet und interpretiert. Dies ist dann der Fall, wenn es eindeutige, überprüfte Vorgaben für die Durchführung, Auswertung und Interpretation gibt. Die Reliabilität beschreibt die Zuverlässigkeit, mit der ein Merkmal und seine Ausprägung durch ein psychodiagnostisches Verfahren erfasst werden. Mit einem reliablen Verfahren wird die Erhebung eines stabilen Merkmals (z. B. Intelligenz) immer wieder zu dem gleichen oder sehr ähnlichen Ergebnis führen – ähnlich wie wiederholtes Wiegen mit einer geeichten Waage. Die Validität oder Gültigkeit eines psychodiagnostischen Verfahrens bezieht sich darauf, ob genau das Merkmal, das erfasst werden soll, auch tatsächlich erfasst wird. So misst zum Beispiel ein valider Test zur Erhebung der Grundintelligenz ausschließlich Intelligenz, und nicht den Umfang des Wortschatzes. Normierung bedeutet, dass für einen Test Referenzwerte vorliegen, die es ermöglichen, einen individuellen Testwert mit den durchschnittlichen Werten einer Vergleichsgruppe in Beziehung zu setzen. Neben diesen Hauptgütekriterien werden eine Reihe von weiteren Nebengütekriterien definiert, etwa die Ökonomie, Unverfälschbarkeit oder die Fairness von Verfahren. Letzteres bezieht sich darauf, dass ein Verfahren unabhängig von bestimmten Charakteristika der untersuchten Person, wie zum Beispiel Geschlecht oder kultureller Hintergrund, einsetzbar ist, ohne dass Benachteiligungen entstehen.

Explorationen. Explorationen (auch: Anamnese, entscheidungsorientiertes Gespräch, diagnostisches Gespräch, Interview) dienen sowohl der Gewinnung verbaler Informationen als auch der Beziehungsgestaltung (Salzgeber, 2011). Sie sind auch bei familienrechtspsychologischen Begutachtungen das am häufigsten eingesetzte diagnostische Verfahren und nehmen auch deshalb einen besonderen Stellenwert ein. Sie lassen sich unter anderem anhand des Grades der Vorstrukturierung einteilen (weitere Kategorisierungen von Explorationstypen finden sich bei Westhoff & Strobel, 2011). In einem freien Gespräch werden die Themen ohne Vorgabe entwickelt, in einer teilstrukturierten Exploration liegt ein Leitfaden für die zu stellenden Fragen vor, in einem strukturierten Gespräch ist auch die Reihenfolge der Fragen vorgegeben. Bei einem standardisierten Gespräch sind sowohl die Fragen als auch die Antwortmöglichkeiten festgelegt (Proyer & Ortner, 2010). Es gibt insbesondere vier Aspekte, die standardisiert und strukturiert werden können: Die Fragen (z. B. in Form eines Leitfadens), die Antworten, die Auswertung und das Verhalten des Interviewers. Je stärker die Strukturierung einer Exploration in einer familienrechtspsychologischen Begutachtung ist, desto objektiver, reliabler und valider ist das Ergebnis, da gewährleistet werden kann, dass tatsächlich alle relevanten Informationen erhoben werden. Grundsätzlich gilt daher, dass sich Interviews, die gute psychometrische Kennwerte aufweisen, durch sorgfältige und explizite Planung, Durchführung und Auswertung auszeichnen und somit in Bezug auf die gestellten Fragen zumindest (teil-)strukturiert sind (Westhoff & Strobel, 2011).

Verhaltensbeobachtungen. Bei Beobachtungen unterscheidet man zwischen Alltagsbeobachtungen und wissenschaftlichen Beobachtungen. Eine Alltagsbeobachtung zeichnet sich nach Graumann (1966) dadurch aus, dass sie mit einer bestimmten Absicht erfolgt, sie setzt einen Zweck oder ein Ziel voraus und unterscheidet sich folglich von der reinen Wahrnehmung. Um dieses Ziel zu verfolgen ist es notwendig, sich bei der Beobachtung auf gewisse Merkmale zu fokussieren, wodurch andere vernachlässigt werden. Es findet demnach eine Selektion statt: nicht alles, was prinzipiell wahrnehmbar ist, wird auch tatsächlich beobachtet. In Abgrenzung von Alltagsbeobachtungen definiert Jacob (2014) die wissenschaftliche Beobachtung wie folgt:

> Unter wissenschaftlicher Beobachtung wird die zielgerichtete und methodisch kontrollierte Erfassung sinnlich wahrnehmbarer Tatbestände wie z. B. konkreter Systeme, Ereignisse (zeitliche Änderungen in konkreten Systemen) oder Prozesse (Sequenzen von Ereignissen) verstanden. Der Beobachtungsgegenstand wird entweder zeitlich vor der Beobachtung deduktiv auf vorhandenem (theoretisch oder empirisch) begründetem Wissen oder aber induktiv und dann zeitlich der Beobachtung nachgelagert z. B. nach Plausibilität beschrieben. Die Datenerhebung erfolgt entweder als Selbst- oder als Fremdbeobachtung. (S. 22)

Wichtig bei einer wissenschaftlichen Beobachtung ist demnach, dass eine Theorie oder Hypothese bezüglich bestimmter Ereignisse, Prozesse oder Systeme besteht, die systematisch geprüft und ausgewertet werden soll. Nur bei einer geplanten, systematischen und im Sinne der obigen Definition wissenschaftlichen Beobachtung liegen die Voraussetzungen dafür vor, dass die gewonnenen Daten objektiv (d. h. beobachterunabhängig), reliabel und valide sind. Bei den systematischen Verhaltensbeobachtungen lassen sich verschiedene Beobachtungssettings unterscheiden, je nachdem, ob es sich um eine teilnehmende oder nicht-teilnehmende, offene oder verdeckte, standardisierte (z. B. gemeinsames Spiel mit einem vorgegebenen Spielzeug) oder nicht-standardisierte (z. B. gemeinsames Spiel, bei dem unter mehreren vorgegebenen Spielzeugarten gewählt werden kann) Beobachtungssituation handelt. Es sind verschiedene Beobachtungsorte (Labor, Feld) möglich (Greve & Wentura, 1997). Ein wesentliches weiteres Qualitätsmerkmal einer systematischen Verhaltensbeobachtung ist das Vorliegen eines theoretisch fundierten Zeichen-, Kategorien- oder Ratingsystems (siehe z. B. Spinath & Becker, 2011).

Gerade bei familienrechtlichen Fragestellungen können durch systematische Verhaltensbeobachtungen wichtige Informationen erhoben werden, die mit anderen diagnostischen Mitteln, etwa Explorationen oder Fragebogenverfahren, weniger gut zugänglich gemacht werden können. Ein wichtiger Einsatzbereich ist beispielsweise die Beobachtung der Interaktion zwischen einem Kind und einem oder beiden Elternteilen.

Fragebogen- und Testverfahren, vollstandardisierte Checklisten. Fragebogenverfahren bilden „… eine Gruppe von Tests, bei denen interessierende Merkmale über Selbstberichte des Probanden gemessen werden. Der Proband soll in seiner Reaktion auf die verbalen Elemente des Tests … Auskünfte über sein eigenes Verhalten in der Vergangenheit, über Gefühle, Vorlieben, Abneigungen, Einstellungen u. ä. geben." (Krohne & Hock, 2007, S. 275). Fragebögen können sich hinsichtlich ihrer Konstruktionsprinzipien, der zugrundeliegenden Testtheorie, der Item- und Antwortformate und der erfassten Merkmalsbereiche unterscheiden. Weiterhin lassen sich Fragebogenverfahren anhand des Grads ihrer Standardisierung und der Gütekriterien charakterisieren.

Insgesamt ist die Verwendung von standardisierten Fragebögen bei familienrechtlichen Fragen immer dann sinnvoll, wenn durch sie ein wesentlicher Beitrag für die Prüfung der psychologischen Fragen geleistet werden kann, die Ergebnisse unter Berücksichtigung der tatsächlichen Aussagekraft der Verfahren in den Befund eingebracht werden und bei der Interpretation der Kontext ihrer Anwendung berücksichtigt wird (wenn etwa ein Kind während der Bearbeitung eines Fragebogens sehr aufgeregt war) (Hommers, 2008). Allerdings gibt es, wie von verschiedenen Autoren festgestellt wird, nur wenige Fragebögen, die speziell auf familienrechtliche Zusammenhänge zugeschnitten sind und Konstrukte wie Bindung oder Erziehungsfähigkeit objektiv, reliabel und valide erfassen (Salzgeber, 2011). Daher wird empfohlen, bei Fragebogenverfahren, die aus anderen Bereichen stammen, jeweils zu prüfen, ob ihr Einsatz in einer familienrechtlichen Diagnostik gerechtfertigt ist.

Projektive/semiprojektive Verfahren. Projektive beziehungsweise semiprojektive Verfahren (auch: deutende Verfahren) zielen darauf ab, Reaktionen auf festgelegte und definierte Stimuli hervorzurufen. Diese Reaktionen sollen Rückschlüsse auf Ängste, Wünsche und Einstellungen ermöglichen, die der untersuchten Person selbst nicht bewusst sind. Die Stimuli sind bei projektiven Verfahren nicht immer verbal, sondern häufig auch bildlich (siehe z. B. Wittkowski, 2011). Vor allem bei rein projektiven Verfahren besteht das Problem, die Auswertungsobjektivität zu gewährleisten, weil gerade für gestalterische Verfahren (bei denen zum Beispiel Zeichnungen ausgewertet werden) zumeist keine empirisch abgesicherten Auswertungsrichtlinien existieren. Entsprechend liegt eine Bestimmung der Reliabilität und Validität bei vielen Verfahren nicht vor. Empfohlen wird daher, projektive Verfahren eventuell (vor allem bei Kindern) für die Kontaktaufnahme, zur Gestaltung von Explorationen oder zur Entwicklung von Hypothesen zu nutzen, nicht aber zur hypothesenprüfenden Diagnostik (Rohmann, 2008). Weiterhin wird empfohlen, vor einem Einsatz projektiver/semiprojektiver Verfahren bei familienrechtspsychologischen Begutachtungen kritisch zu prüfen, ob sich die benötigten Informationen durch andere Verfahren erheben lassen, deren psychometrische Gütekriterien in besserem Maße erfüllt sind (Schmidt-Atzert & Amelang, 2012).

2.3.3.5 Befund

Der Befund ist der Bestandteil eines Gutachtens, in dem zuvor berichtete Ergebnisse aus unterschiedlichen Quellen (Akten, Tests, Interview etc.) in Bezug auf die psychologischen Fragen beurteilt werden (z. B. DGPs, 2011; Westhoff & Kluck, 2014). Der Befund hat eine zentrale Stellung in einem Gutachten, auch deshalb, weil er häufig vor anderen Teilen des Gutachtens rezipiert wird (Zuschlag, 2002). Daher ist es notwendig, dass der Befund und die Beantwortung der Ausgangsfragestellung aus sich heraus verständlich sind, was durch eine stringente Gliederung des Befunds erleichtert wird. Diese hilft den Sachverständigen, die Informationen zu bündeln und erlaubt einen schnellen Zugang zu den wesentlichen Inhalten des Gutachtens. Eine naheliegende Gliederung des Befundes ist die Orientierung an den psychologischen Fragen.

Ein weiterer wichtiger Punkt ist der Einbezug sämtlicher Informationen, die aufgrund der psychologischen Fragen für wesentlich erachtet wurden und in den Untersuchungen erhoben wurden (Westhoff & Kluck, 2014). Im Befund muss überzeugend dargelegt werden, welche Schlussfolgerungen auf welchen Erhebungsmethoden beruhen und wie eine (theoretisch begründete oder aufgrund der Untersuchungsbedingungen notwendige) Gewichtung der einzelnen Datenquellen bei der Beantwortung der einzelnen psychologischen Fragen von den Sachverständigen vorgenommen wurde. Weiterhin ist im Zusammenhang mit der Diskussion der Ergebnisse im Befund zu beachten, dass die Informationen nur so verwendet werden, wie sie tatsächlich erhoben wurden.

Wenn mehrere Datenquellen zu einer Frage zu demselben Ergebnis führen, dann ist dies ebenso zu dokumentieren wie die Fälle, in denen unterschiedliche Methoden zu divergierenden Gesamtresultaten führen. In solchen Fällen muss die oder der Sachverständige diese Widersprüche benennen, wissenschaftlich begründet diskutieren (Westhoff, Terlinden-Arzt & Klüber, 2000) und auflösen, indem etwa die unterschiedliche Tragfähigkeit verschiedener Informationsarten erläutert wird oder (unter Angabe der Quellen) dargelegt wird, welche einschlägigen Lehrmeinungen zu diesem Thema in der Literatur beschrieben werden. Lassen sich widersprüchliche Ergebnisse nicht zufriedenstellend klären, dann muss auch das eindeutig benannt werden. Allerdings sollte in einem solchen Fall auch dargelegt werden, warum nicht gegebenenfalls weiterführende Untersuchungen erfolgt sind, die eine abschließende Antwort ermöglicht hätten.

2.4 Familienrechtspsychologische Gutachten in der Kritik

Sowohl in den direkt beteiligten Fachdisziplinen (Rechtswissenschaften und Psychologie) als auch in der Öffentlichkeit sind familienrechtspsychologische Gutachten und ihre vermeintliche (mangelnde) Qualität wiederholt Gegenstand von kritischen Diskussionen, meist ausgelöst durch Fälle, in denen einer gutachterlichen Empfehlung gefolgt wurde und dadurch gravierende negative Konsequenzen für die Beteiligten, vor allem für die betroffenen Kinder, entstanden. Empirisch fundierte Schlussfolgerungen zur Qualität psychologischer Gutachten an Familiengerichten können derzeit allerdings nicht getroffen werden, da im deutschsprachigen Raum kaum systematische Untersuchungen zu diesem Thema vorliegen. In den folgenden Abschnitten werden wir zunächst zentrale Ergebnisse einer systematischen Analyse der in einschlägigen Presseberichten angesprochenen Qualitätsdefizite präsentieren. Anschließend werden wir die Befunde der (wenigen) empirischen Studien zusammenfassen, die sich der Prüfung von Qualitätsstandards in der familienrechtspsychologischen Begutachtung gewidmet haben. Aus dem daraus folgenden Fazit werden die Ziele unserer eigenen empirischen Untersuchung abgeleitet, die im Folgenden vorgestellt wird.

2.4.1 Presseberichte

Zur Identifikation relevanter Presseberichte zur Qualität familienrechtspsychologischer Gutachten wurde eine Recherche in der Datenbank WISO-NET Praxis durchgeführt. Diese Presse-Datenbank speichert über 144 Mio. Nachweise aus rund 180 Quellen (Printmedien und online-Portale). Als Suchbegriffe wurden die mit dem Booleschen Operator „Und" verknüpften Begriffe „Gutachten" und „Familiengericht" eingesetzt. Die Suche erbrachte 806 Artikel aus dem Zeitraum von 1988 bis 2015, die anschließend von zwei der Autorinnen und Autoren dieses Berichts auf ihre Relevanz zur Thematik der Gutachtenqualität überprüft wurden. In der folgenden Auswertung wurden 35 Artikel berücksichtigt, die als einschlägig qualifiziert wurden. Diese Menge wurde um weitere 21 Artikel ergänzt, die mittels einer Google News-Suche eruiert wurden. Insgesamt konnten auf diesem Weg 56 Presseartikel aus den Jahren 1994–2015 einbezogen werden. Die in diesen Presseberichten auf der Grundlage von Einzelfallanalysen und Experteninterviews ermittelten Mängel fallen in die folgenden fünf Kategorien:

1. Unwissenschaftliches Arbeiten: Hierunter fallen die Verwendung von Textbausteinen ohne individuelle Begründung, die Vermischung von eigener Meinung und tatsächlichen Ergebnissen, Kompetenzüberschreitungen der Sachverständigen sowie eine intransparente Dokumentation der Begutachtung. Des Weiteren zählen hierzu das Ignorieren von Testverfahren, „Bauch"entscheidungen und das Füllen des Gutachtens mit belanglosem Inhalt (z. B. FAZ, 12.11.2012; Hamburger Abendblatt, 09.09.2011; Nürnberger-Land, 27.09.2013; SZ, 14.02.2012; Frankfurter Rundschau, 04.12.2012).
2. Fehlende gesetzliche Vorgaben zu den Qualifikationen der Sachverständigen im familiengerichtlichen Verfahren: Hier werden die unzureichende Ausbildung der Sachverständigen, eine fehlende Mindestqualifikation für Gutachterinnen und Gutachter sowie das Fehlen politischen Druckes, strengere Kriterien anzulegen, genannt (z. B. SZ, 14.02.2012; FAZ, 12.11.2012).
3. Kritiklose Übernahme des Ergebnisses des Sachverständigengutachtens durch das Gericht: Hier wird kritisiert, dass Richterinnen und Richter in einer Mehrzahl der Fälle der Empfehlung des Gutachtens folgten, und so eine ungeheure Machtfülle der Gutachterinnen und Gutachter entstehe. Eine Privatisierung der Rechtsprechung sei hierbei die Folge. Auch hätten die wenigsten Richterinnen und Richter gelernt, Gutachten zu lesen (z. B. DER SPIEGEL, 18.11.2002; NWZ Online, 25.10.2013; SPIEGEL ONLINE, 15.06.2015; FAZ, 12.11.2012; ZDF Frontal 21, 18.03.2014).
4. Monopolstellung einzelner Sachverständiger oder Institute: Es wird aufgezeigt, dass die Anteile einzelner Institute bis zu 90% an einzelnen Familiengerichten

betrage und keine professionelle Distanz bestehe (z. B. Passauer Neue Presse, 17.07.2008; FAZ, 12.11.2012).
5. Hohe Kosten und lange Dauer der Gutachten: Eine Gutachtenerstellung dauere anderthalb Jahre, ein Gutachten lag nach zwei Jahren vor (z. B. Rhein-Zeitung, 25.05.2002; FAZ, 12.11.2012).

2.4.2 Empirische Untersuchungen zur Gutachtenqualität

Obwohl – wie oben dargelegt – Qualitätsdefizite in der familienrechtspsychologischen Begutachtung in der Öffentlichkeit wiederholt thematisiert wurden, liegen nur sehr wenige empirische Untersuchungen vor, die sich dieser Thematik widmen. Tatsächlich wurden unserer Kenntnis nach in Deutschland in den vergangenen drei Jahrzehnten nur vier Untersuchungen an größeren Stichproben durchgeführt, die die Qualitätsstandards familienrechtspsychologischer Gutachten systematisch analysierten.

Eine erste Studie wurde von der interdisziplinären Arbeitsgruppe „Projekt Gutachten" in den Jahren 1984/85 an der Albert-Ludwigs-Universität in Freiburg durchgeführt (Werst & Hemminger, 1989). Das Projekt wurde vom damaligen Bundesjustiz- und vom Bundesfamilienministerium finanziert, die Studienergebnisse blieben allerdings unveröffentlicht. In der Untersuchung wurden 118 Gutachten in Sorgerechts- und Umgangsstreitigkeiten aus dem gesamten Bundesgebiet im Hinblick auf psychologisch-diagnostisch relevante formale und methodische Merkmale analysiert. Etwa ein Drittel der Gutachten wurde von selbstständigen Sachverständigen erstellt. Etwa 25% der Gutachten wurden von Universitätsangehörigen einschließlich Psychiatrischer Universitätskliniken und -instituten verfasst. Ein Sechstel der Gutachten wurde von Privatinstituten angefertigt und ein etwa gleich großer Anteil stammte von Erziehungsberatungsstellen und ähnlichen kommunalen oder staatlichen Einrichtungen. Die Studie verfolgte eine Reihe von Zielen. Die folgende Zusammenfassung der zentralen Ergebnisse konzentriert sich auf solche Befunde, die für das Thema des vorliegenden Beitrags – die wissenschaftliche Qualität von familienrechtspsychologischen Sachverständigengutachten – besonders relevant sind. Mit Blick auf diese Thematik ziehen die Autoren der Studie folgendes Fazit: „Misst man die Qualität des Gutachtens an den in den beteiligten Fachwissenschaften und der Rechtsprechung aufgestellten fachlichen Anforderungen, schneiden die meisten Gutachten schlecht ab. Häufig sind die Erhebungen nicht vollständig, schlecht dokumentiert und die Empfehlung nicht nachvollziehbar begründet." (Werst & Hemminger, 1989, S. 112). Hervorgehoben werden insbesondere die folgenden Defizite:

- *Mangelhafte Nachvollziehbarkeit der wissenschaftlichen Fundierung*: Das wissenschaftliche diagnostische Vorgehen ist durch wissenschaftliche Annahmen und methodische Erkenntnisse begründet, die im schriftlichen Gutachten transparent und nachvollziehbar darzulegen sind. In ihrer Studie fanden die Autoren allerdings nur in einem Fünftel der Gutachten Hinweise dazu, mit welchen theoretischen oder methodischen Begründungen bestimmte Untersuchungsschritte durchgeführt oder unterlassen wurden, warum aus bestimmten Fakten bestimmte Schlüsse zu ziehen waren und wie die Einzelergebnisse letztlich gewichtet wurden (ebd., S. 94). Das Fehlen einer fachwissenschaftlich fundierten Bewertung von Ergebnissen war besonders im Befund offenkundig, in dem Schlussfolgerungen in Bezug auf die Bindung des Kindes an primäre Bezugspersonen und die elterliche Erziehungsfähigkeit gezogen wurden. Beide Begriffe wurden theoriearm und allgemeinsprachlich verwendet (ebd., S. 99 und S. 111).
- *Mängel in der Datenerhebung und der Dokumentation von Untersuchungsergebnissen*: Die Autoren bemängeln, dass die Datenbasis des Gutachtens häufig nicht vollständig nachvollziehbar und damit auch nicht überprüfbar war. Das Gutachten stützte sich üblicherweise auf ausführliche Gespräche mit Eltern und Kindern (soweit vom Alter möglich). Diese wurden in den Gutachten am ausführlichsten dargestellt. Verhaltensbeobachtungen wurden ebenfalls häufig berichtet, allerdings in der Regel nicht so dokumentiert, dass der Leser des Gutachtens die aus ihnen gewonnenen Ergebnisse nachvollziehen konnte (tatsächlich lag der Anteil nachvollziehbar dokumentierter Beobachtungen lediglich bei 25 %). Gespräche und Verhaltensbeobachtungen wurden in einem Teil der Gutachten durch Test- oder testähnliche Verfahren bei Kindern ergänzt. Dies waren überwiegend projektive Verfahren wie der Schloss-Zeichen-Test (o. A., o. J.) oder der Test „Familie in Tieren" (Brem-Gräser, 1995), die allerdings ebenfalls unzureichend dokumentiert wurden (ebd., S. 57f). Bemängelt wird auch, dass Auskünfte objektiver oder neutraler Dritter (z. B. Ärztinnen und Ärzte, Jungendamtsmitarbeiterinnen und -mitarbeiter) kaum als zusätzliche Datenquelle genutzt wurden.
- *Mangelhafte Nachvollziehbarkeit der Interpretation und Wertung von Einzelergebnissen*: Ergebnisse und deren Interpretationen müssen voneinander abgegrenzt und deutlich unterscheidbar sein. Tatsächlich waren aber in etwa zwei Fünftel der Gutachten Ergebnisteil und Befundteil miteinander vermischt, in einem etwa gleich großen Teil wurde zwar eine formale Trennung vorgenommen, die allerdings inhaltlich nicht eingehalten wurde. Nur etwa 20 % der Gutachten erfüllte die geforderte Trennung von Ergebnisbericht und Interpretation/Befund (ebd., S. 95). Zudem bemängelten die Autoren, dass keine kritische Bewertung der Gültigkeit einzelner Ergebnisse vorgenommen wurde. So

wurden Testergebnisse meist ohne Einschränkung als verlässliche Tatsachen behandelt, ohne methodische oder durchführungsbedingte Unsicherheiten bei der Interpretation zu thematisieren. Widersprüchliche Befunde wurden zwar in der Sachverhaltsdarstellung erwähnt, im Zuge der Interpretation und Bewertung fanden diese dann allerdings kaum Berücksichtigung (ebd., S. 69f, S. 93).

Die Studie umfasste auch eine umfangreiche Befragung der die Gutachten in Auftrag gebenden Richterinnen und Richter. Dies ermöglichte es, die richterliche Zustimmungsrate für die im Gutachten dargelegten Empfehlungen der Sachverständigen zu ermitteln. Diese Analysen zeigten, dass trotz der oben genannten Qualitätsdefizite der Gutachten die Sachverständigenempfehlung in 85 % vollständig übernommen wurde, in weiteren 4 Fällen wurde der Empfehlung weitgehend gefolgt. Abweichungen der gerichtlichen Entscheidung von der Sachverständigenempfehlung waren mit 11 % selten (ebd., S. 102f). Weitere Analysen zeigten überdies, dass sich die Familienrichterinnen und -richter in nur 14 % ihrer Entscheidungen auf andere Kriterien als das Gutachten stützten. In 8 % der Fälle wurden die vom Gutachter vorgeschlagenen Bewertungen im Wesentlichen und in 78 % sogar vollständig in der Entscheidung übernommen. Diese Daten können als starkes Indiz dafür gewertet werden, dass die Sachverständigengutachten erheblichen Einfluss auf den Ausgang des gerichtlichen Verfahrens haben.

Eine zweite größer angelegte einschlägige Studie wurde knapp zehn Jahre nach der Erhebung der Freiburger Arbeitsgruppe im Zeitraum von 1992–1993 von der Arbeitsgruppe von Professor Dr. Karl Westhoff an der Technischen Universität Dresden durchgeführt. Die Ergebnisse wurden in zwei Dissertationsschriften veröffentlicht (Klüber, 1998; Terlinden-Arzt, 1998). In die Analyse gingen 245 Gutachten aus den Oberlandesgerichtsbezirken Hamm, Düsseldorf und Köln ein. Durch die Anonymisierung der Gutachten können keine Aussagen über die Verteilung der Gutachten auf Einzelpersonen, Gemeinschaftspraxen oder gerichtspsychologische Institute getroffen werden. Aufgrund äußerer Merkmale der Gutachten gehen die Autorinnen der Studie aber davon aus, dass einzelne Sachverständige mit mehreren Gutachten in der Stichprobe vertreten waren. Die Studie verfolgte eine Reihe von Zielen. Bei der Zusammenfassung der umfangreichen Ergebnisse konzentrieren wir uns auf die Befunde, die für die Beurteilung der wissenschaftlichen Qualität besonders relevant sind. Die von der Arbeitsgruppe der TU Dresden problematisierten Defizite weisen deutliche Parallelen zu den Befunden der Freiburger Studie auf:

Ähnlich wie die Autoren der Freiburger Studie identifizierte die Arbeitsgruppe in einem Großteil der Gutachten erhebliche Defizite in der Nachvollziehbarkeit des wissenschaftlich diagnostischen Vorgehens. So zeigte sich beispielsweise, dass in der Gesamtstichprobe lediglich in 27 % der Gutachten aus der gerichtlichen Fragestellung psychologische Fragen („Arbeitshypothesen") abgeleitet wurden (Terlinden-Arzt, 1998, S. 152). Bei einem überwiegenden Teil der Gutachten konnte damit nicht eindeutig nachvollzogen werden, ob es sich beim gutachterlichen Vorgehen tatsächlich um einen durch wissenschaftliche Hypothesen geleiteten Prozess handelte oder um mehr oder weniger intuitive Erkenntnisakte (zur wissenschaftlichen Notwendigkeit des hypothesengeleiteten Vorgehens siehe Westhoff & Kluck, 2008, S. 35ff; auch Salzgeber, 2011, S. 541). Ebenfalls parallel zur Freiburger Studie wird auch moniert, dass zentrale Kriterien, die herangezogen wurden, um eine Empfehlung zum Wohle des Kindes vorzubereiten, nicht hinreichend wissenschaftlich expliziert wurden. So blieb in knapp zwei Drittel der 114 Gutachten mit eigenständigem Befund unklar, welches theoretische Konzept von Bindung der Bindungsdiagnostik zugrunde lag, in 18 % der Gutachten wurde der Bindungsbegriff offensichtlich umgangssprachlich verwendet (Terlinden-Arzt, 1998, S. 166).

In Bezug auf die Datenerhebungsverfahren waren – wie auch in der Freiburger Studie – *Gespräche* mit den Eltern (und altersabhängig auch mit Kindern) die wesentliche Informationsquelle. Die Autorinnen bemängeln in Bezug auf diese Datenquelle, dass die Darstellung der Gesprächsergebnisse in weniger als der Hälfte der Gutachten einer chronologischen oder thematisch-inhaltlichen Struktur folgte. Damit war nicht nachvollziehbar, welche Informationen dazu dienen, die psychologischen Fragestellungen zu beantworten (Klüber, 1998, S. 126).

Verhaltensbeobachtungen wurden wie in der Freiburger Studie ebenfalls häufig berichtet (in 92 % der Gutachten), allerdings in der Regel ebenfalls nicht so dokumentiert, dass der Leser des Gutachtens die aus ihnen gewonnen Ergebnisse nachvollziehen konnte (ebd., 126). Tatsächlich handelte es sich bei den Verhaltensbeobachtungen lediglich in 36 % der Fälle um eigenständige Untersuchungsverfahren, in den anderen Fällen handelte es sich um – im Hinblick auf die Gütekriterien – problematische unsystematische Beobachtungen (z. B. bei Hausbesuchen).

Wie schon die Freiburger Arbeitsgruppe stellten die Autorinnen fest, dass *standardisierte* Verfahren bei der Datenerhebung einen insgesamt geringeren Stellenwert hatten. Bei der testpsychologischen Untersuchung wurden am häufigsten Persönlichkeitstests eingesetzt (ebd., S. 157f). Dies wird von den Autorinnen vor dem Hintergrund der in der Literatur diskutierten Kritik gegenüber dem Einsatz von Persönlichkeitstests in der familienrechtspsychologischen Begutachtung als problematisch erachtet. Einer der Hauptkritikpunkte an der Verwendung von Persönlichkeitstests in diesem Kontext ist darin begründet, dass die erfassten Persönlichkeitsmerkmale keinen hinreichenden Erklärungswert im Kontext einer familienrechtlichen Begutachtung besitzen. Daher gilt es nur im begründeten Ausnahmefall als überhaupt zulässig, mit der Erfassung von Persönlichkeitseigenschaften in die Persönlichkeitsrechte des begutachteten Elternteils einzugreifen (siehe Arntzen, 1994; Balloff, 1994; Salzgeber & Stadler, 1990; Zuschlag, 2002).

Bei Kindern wurden, wie auch in der Freiburger Studie dokumentiert, kaum Persönlichkeitstest eingesetzt. Stattdessen wurden Kinder überwiegend mit *projektiven Verfahren* untersucht. Insgesamt bearbeiteten zwei Drittel der Kinder projektive Verfahren. Bei den verwendeten Verfahren fanden sich neben bekannten Verfahren, wie dem Scenotest (Staabs, 1964) oder dem Kinder-Apperzeptions-Test (CAT) (Bellak & Bellak, 1955) verschiedene Verfahren, deren Form der theoretischen Einführung in das Gutachten keine Rückschlüsse über ihre wissenschaftliche Fundierung zuließ. Aufgrund der in der Literatur diskutierten theoretischen, methodischen und ethischen Bedenken gegenüber dem Einsatz von projektiven Verfahren bewerten die Autorinnen der Studie den weitverbreiteten Einsatz dieser Verfahren als problematisch. Im Hinblick auf die Dokumentation von Testergebnissen monierten sie insgesamt, dass nur in 46 % der Gutachten überhaupt nachvollzogen werden konnte, welche Informationen welchem Test zuzuordnen waren. Zudem war die Präsentation der Testergebnisse häufig vermischt mit Informationen aus Gesprächen und Verhaltensbeobachtungen (Klüber, 1998, S. 72).

Ähnlich wie in der Freiburger Studie zeigte sich schließlich auch in dieser Studie, dass in einem Großteil der Gutachten die Darstellung der Ergebnisse insgesamt und ihre Interpretation miteinander vermischt waren (Klüber, 1998, S. 125 und S. 172). Ebenso wie in der Freiburger Studie war in einem Großteil der Gutachten ebenfalls nicht nachvollziehbar, aufgrund welcher theoretischen Annahmen die Einzelergebnisse gewichtet wurden. Auch die Vernachlässigung widersprüchlicher Ergebnisse wurde bemängelt.

Die Studie ermöglichte es, die richterliche Zustimmungsrate zu den im Gutachten dargelegten Empfehlungen der Sachverständigen zu ermitteln. Diese Analysen zeigten parallel zu den Befunden der Freiburger Studie, dass trotz der oben genannten Qualitätsdefizite die Sachverständigenempfehlungen in über 85 % der Fälle übernommen wurden (ebd., S. 58f). Diese Daten bestätigen abermals, dass psychologische Sachverständigengutachten erheblichen Einfluss auf den Ausgang des gerichtlichen Verfahrens haben.

Die Ergebnisse einer im Jahr 2000 veröffentlichten Studie von Leitner liefern ein ähnliches Befundmuster. In dieser Studie wurde für 52 familienrechtspsychologische Gutachten untersucht, inwieweit diese fachpsychologische Qualitätskriterien erfüllen. Die Gutachten wurden vor Inkrafttreten des Psychotherapeutengesetzes vom 16.06.1998 erstellt. Weitere Angaben zur Gewinnung der Gutachtenstichprobe (z. B. zu den Gerichtsbezirken) und den Sachverständigen werden in der

Veröffentlichung nicht gemacht. Die von Leitner identifizierten Mängel lassen sich wie folgt zusammenfassen:

- Ebenso wie die vorangehend dargestellten Studien bemängelt auch Leitner Defizite in der wissenschaftlichen Fundierung. So wurde nur sehr selten explizit thematisiert, auf welches wissenschaftliche Paradigma sich die Sachverständigen stützten. Ein wissenschaftlicher Theoriebezug mit entsprechenden Quellenangaben war ebenfalls nur in Ausnahmefällen zu verzeichnen (Leitner, 2000, S. 58).
- Im Hinblick auf die Exploration war ein systematisches Vorgehen, wie es beispielsweise von Westhoff und Kluck (1998) exemplifiziert wird, nicht erkennbar (ebd. S. 58).
- Eine systematische (wissenschaftliche) Verhaltensbeobachtung wurde in keinem der 52 Gutachten dokumentiert (ebd. S. 58).
- Gravierende Mängel bestanden auch beim Einsatz von Testverfahren, da ein überwiegender Teil der Testverfahren die Hauptgütekriterien (Objektivität, Reliabilität und Validität) nicht erfüllte (z. B. Familie in Tieren, Brem-Gräser, 1995; Fabelmethode, Düss, 1964 oder der Schloss-Zeichen-Test, o. A., o. J.)

Leitner (2000) kommt daher zu dem Fazit, dass sehr viele der Gutachten in der von ihm untersuchten Stichprobe elementare wissenschaftliche Anforderungen nicht erfüllen.

Leitner (2013) untersuchte eine weitere Stichprobe von 70 Gutachten aus den Jahren 2009/2010. Angaben zur Gewinnung der Stichprobe bleiben auch in dieser Veröffentlichung offen. Die Analyse der neuen Stichprobe „fällt nur bedingt besser aus" (ebd., S. 72): Wie bereits in der ersten Studie (Leitner, 2000) erfüllten die am häufigsten eingesetzten Testverfahren die Hauptgütekriterien nicht – unter den vier am häufigsten eingesetzten Testverfahren (58 von 96 Testverwendungen) erfüllte ausschließlich das Persönlichkeitsfragebogeninventar MMPI-2 (Hathaway, McKinley & Engel, 2000) die Gütekriterien. Der Einsatz des MMPI-2 ist generell (jedoch auch im Rahmen von familienrechtspsychologischen Gutachten) inhaltlich umstritten (siehe z. B. Hank & Schwenkmezger, 2003; Salzgeber, 2011). Weitere Kritikpunkte waren u. a., dass systematische Beobachtungsmethoden nur in den wenigsten Fällen zum Einsatz kamen (ebd, S. 72) und dass die verwendete Fachliteratur in vielen Fällen nicht aktuell war (ebd., S. 73).

Betrachtet man die Befunde dieser vier Studien (Freiburger Studie, Dresdner Studie, Studien von Leitner) nun zusammen, so lässt sich konstatieren, dass die wenigen größeren deutschen systematischen Studien zur Qualität familienrechtspsychologischer Gutachten über einen Zeitraum von mehreren Jahrzehnten auf eine problematische Situation hinweisen. Wie jede empirische Studie weisen auch diese vier Studien methodische Einschränkungen auf. Den drei ersten Studien gemeinsam ist, dass die in ihnen analysierten Gutachten dadurch gewonnen wurden, dass Gerichte (oder Verfahrensbeteiligte) von ihnen selbst ausgewählte Gutachten zur Prüfung einsendeten. Eine schwerwiegende methodische Einschränkung aller drei Studien besteht daher darin, dass unklar ist, wie repräsentativ die eingesendeten Gutachten für die Grundgesamtheit der an den jeweiligen Gerichten verfügbaren Gutachten sind (Wurden überwiegend „gute" oder überwiegend „mangelhafte" Gutachten eingesendet?). Eine weitere Einschränkung besteht darin, dass die weitaus überwiegende Zahl der in die Untersuchungen einbezogenen Gutachten in den 1980er- und 1990er-Jahren erstellt wurde. Ob und inwieweit diese Untersuchungen Schlussfolgerungen auf die aktuellen Qualitätsstandards in der familienrechtspsychologischen Begutachtung zulassen, ist daher ungewiss. Nichtsdestotrotz geben diese Befunde begründeten Anlass dafür, die aktuellen Standards in diesem Begutachtungsbereich systematisch zu untersuchen.

3 Die Hagener Gutachtenstudie

3.1 Ziele

Ein übergeordnetes Ziel der an der FernUniversität Hagen durchgeführten Untersuchung bestand darin, anhand einer repräsentativen Stichprobe festzustellen, ob und inwieweit familienrechtspsychologische Gutachten wissenschaftlich formulierten Mindestanforderungen genügen. Die Untersuchung wurde durch das Justizministerium des Landes Nordrhein-Westfalen unterstützt. Die Datenerhebung erfolgte im Zeitraum von 2012 bis 2013 an vier Amtsgerichten des OLG-Bezirks Hamm und erfasste sämtliche der von den vier Amtsgerichten in den Jahren 2010 und 2011 beauftragten Gutachten. Da es sich damit um Vollerhebungen an den Gerichten handelte, kann (im Unterschied zu früheren Untersuchungen) ausgeschlossen werden, dass nur Gutachten in die Auswertung eingingen, die von den Gerichten selbst vorbewertet wurden. Die Stichproben sind damit für diese vier Amtsgerichte repräsentativ.

3.1.1 Ziel 1: Kriteriengeleitete Analyse des in den Gutachten dokumentierten methodischen Vorgehens

Die Arbeitsgruppe „Qualitätsstandards für psychodiagnostische Gutachten" der Deutschen Gesellschaft für Psychologie (DGPs) empfiehlt bei der Beurteilung der Qualität von Gutachten zwischen zwei Arten von Verstößen gegen Anforderungen zu differenzieren: Mängel bzw. Fehler beim methodisch-inhaltlichen Vorgehen und Defizite in der schriftlichen Darstellung, die in der Regel ohne erneute Untersuchung nachträglich korrigiert werden können (z. B. vergessene Unterschrift oder Datumsangaben etc.) (DGPs, 2011, S. 4–5). Gravierende Mängel beim methodisch-inhaltlichen Vorgehen machen ein Gutachten aus fachlicher Sicht unverwertbar und können auch nicht durch die Güte der schriftlichen Darstellung kompensiert werden. Ein erstes Ziel der Untersuchung bestand daher darin, mittels einer kriteriengeleiteten Analyse das im Gutachten dokumentierte methodische Vorgehen zu überprüfen. Die Analysekriterien wurden aus den „Richtlinien für die Erstellung Psychologischer Gutachten" (Föderation Deutscher Psychologenvereinigungen, 1994) und den Empfehlungen der Arbeitsgruppe „Qualitätsstandards für psychodiagnostische Gutachten" im Auftrag der Deutschen Gesellschaft für Psychologie (DGPs, 2011) abgeleitet und anhand der Empfehlungen in fachlich einschlägigen Standardwerken konkretisiert (z. B. Krohne & Hock, 2007; Salzgeber, 2011;

Westhoff & Kluck, 2008). Insgesamt wurden vier Prüfkriterien herangezogen, die sich wie folgt begründen:

- Formulierung von psychologischen Fragen: Wie bei wissenschaftlichem Handeln im Allgemeinen handelt es sich auch bei der Begutachtung um einen hypothesengeleiteten Prozess. Es besteht daher fachliche Übereinstimmung, dass der familienrechtspsychologische Sachverständige die gerichtliche Fragestellung in spezifische psychologische Fragen („Arbeitshypothesen") übersetzen und diese im Gutachten explizit darstellen soll (DGPs, 2011, S. 7; Salzgeber, 2011, S. 541; Westhoff & Kluck, 2008, S. 35ff). Lautet beispielsweise der gerichtliche Auftrag zu klären, welche Umgangsregelung dem Kindeswohl angemessen ist, dann müsste zunächst eine psychologische Präzisierung des Begriffs „Kindeswohl" vorgenommen werden, um anschließend konkrete Untersuchungsfragen für den vorliegenden Fall zu formulieren (z. B. in Bezug auf die Bindung des Kindes an bestimmte Bezugspersonen, den Kindeswillen, die Erziehungsfähigkeiten der Bezugspersonen u. a., siehe hierzu z. B. Westhoff & Kluck, 2008, S. 47).
- Begründung der Datenerhebungsverfahren: Die Auswahl der diagnostischen Verfahren muss aus den psychologischen Fragen herleitbar und fachlich nachvollziehbar sein (Föderation Deutscher Psychologenvereinigungen, 1994; S. 11; DGPs, 2011, S. 9f.). Es besteht fachliche Übereinstimmung, dass nur Verfahren ausgewählt werden sollen, die geeignet sind, Erkenntnisse zur Beantwortung der psychologischen Fragen beizutragen. Bei der Auswahl der Verfahren sind die psychometrischen Gütekriterien zu beachten.
- Methodische Qualität der Datenerhebung: Ziel der diagnostischen Datenerhebung ist es, möglichst vollständig und unverzerrt die Informationen zu erheben, die für eine Beantwortung der psychologischen Fragen notwendig sind. Bei der Beurteilung der Qualität der Datenerhebung sind daher insbesondere die Hauptgütekriterien, nämlich die Objektivität, die Reliabilität und die Validität der eingesetzten Datenerhebungsverfahren von Bedeutung (DGPs, 2011, S. 10; s. auch Westhoff & Kluck, 2008, S. 68, 86). Die Einhaltung dieser Gütekriterien ist unabdingbarer Bestandteil der wissenschaftlichen Datenerhebung, da nur über diesen Weg Urteilsfehler und Verzerrungen reduziert bzw. im Idealfall eliminiert werden können.
- Methodenkritische Interpretation der Ergebnisse: Die Ergebnisse sind nach den wissenschaftlich-psychologisch gegebenen Regeln zu interpretieren. Dabei sind, soweit notwendig, Einschränkungen der Daten zu berücksichtigen, um Fehlschlüsse zu vermeiden (z. B. methodenabhängige Einschränkungen, Einschränkungen durch die Untersuchungsdurchführung) (Föderation Deutscher Psychologenvereinigungen, 1994, S. 11; DGPs, 2011, S. 12).

Bei den vorliegenden Prüfkriterien handelt es sich um Mindestanforderungen an die wissenschaftliche Fundierung des gutachterlichen Vorgehens (s. DGPs, 2011, S. 6f). Liegen diese Mindestanforderungen nicht vor, ist das Gutachten unverwertbar.

Aus den genannten Analysekriterien wurde ein Kategoriensystem abgeleitet, das die Qualität des in den Gutachten dokumentierten allgemeinen methodischen Vorgehens prüft. Jedes Gutachten wurde anhand dieses Kategoriensystems von zwei fachlich geschulten und (rechts-)psychologisch einschlägig vorqualifizierten unabhängigen Beurteilerinnen und Beurteilern ausgewertet. Krippendorffs Alpha für die berichteten Kriterien betrug .72 (Gesamtstichprobe). Divergierende Einschätzungen wurden abschließend im Konsensverfahren aufgelöst.

In einem ersten Teil des folgenden Berichts erläutern wir zentrale Befunde einer kriteriengeleiteten Analyse des in den Gutachten dokumentierten methodischen Vorgehens. Die Einhaltung methodischer Standards im psychologischen Begutachtungsprozess dient dazu, Urteilsfehler zu minimieren. Eine Analyse des im Gutachten dargelegten methodischen Vorgehens prüft daher notwendige Voraussetzungen für die wissenschaftliche Qualität, also die Objektivität, die Validität und die Reliabilität der Beurteilung.

3.1.2 Ziel 2: Kriteriengeleitete Analyse der Bindungsdiagnostik

In einem zweiten Teil unseres Berichts wenden wir uns den Ergebnissen vertiefender methodisch-inhaltlicher Analysen der Gutachten zu, um zu demonstrieren, dass die Qualität des diagnostischen Prozesses und die Qualität des diagnostischen Urteils nicht unabhängig voneinander sind. In einem weiterführenden Auswertungsschritt wurden die Gutachten dahingehend analysiert, ob und in welcher Form das Bindungskonzept bei der Begutachtung verwendet wird, wie Bindung diagnostiziert wird und wie Ergebnisse zur Bindungsdiagnostik – vor allem im Befund – interpretiert und dokumentiert werden.

Die kindlichen Bindungen sind häufig ein primäres Entscheidungskriterium bei familienrechtlichen Entscheidungen, da sie ein zentrales Kriterium des Kindeswohls darstellen (Heiß & Castellanos, 2013; Gehrmann, 2008). „Bindung" ist jedoch ein vielschichtiger Begriff, der sowohl in der Alltagssprache als auch in der Fachterminologie des Rechts und der Psychologie beheimatet ist. Der Alltagsbegriff beschreibt ein häufig positiv konnotiertes soziales Band zwischen Menschen. In konkreter gefasster Weise wird Bindung im juristischen Sprachgebrauch verwendet. Dort sind alle längerfristigen und bedeutsamen sozialen Bezüge eines Kindes gemeint (Schwabe-Höllein, Kindler & August-Frenzel, 1997).

In der Psychologie ist die Bindungsforschung ein bedeutender Forschungszweig innerhalb der Entwicklungspsychologie, dessen Gegenstand die Entstehung, die Organisation und die Entwicklung von Bindungen über den Lebenslauf hinweg, aber insbesondere in den ersten Lebensjahren, sind (z. B. Hédervári-Heller, 2012). Die Bindungstheorie beschreibt die emotionalen Bezüge zwischen dem Kind und seinen Eltern, die eine biologische Verankerung haben, weil das Kind die Eltern braucht, um das eigene Überleben zu sichern. Kinder kommen mit der Bereitschaft zur Welt, Bindungen aufzubauen, während bei den Eltern die Bereitschaft zur Fürsorge das emotionale Gegenstück dazu darstellt und sich in der elterlichen Feinfühligkeit gegenüber den Bedürfnissen des Kindes zeigt (Bowlby, 1969/1982). Kinder können Bindungen zu mehreren Personen herstellen, die nebeneinander existieren. Die Art der Bindungen, die Kinder vor allem in den ersten Lebensjahren aufbauen, kann – je nach den konkreten Voraussetzungen bei den Kindern, den Bindungspersonen und den Umgebungsbedingungen – von unterschiedlicher Qualität sein. Die Organisation von Bindung äußert sich darin, welche Anpassungsstrategien vor allem kleinere Kinder entwickeln und zeigen, wenn sie sich in Verlust- und Trennungssituationen mit der Bindungsperson befinden. In der klassischen Bindungsforschung werden dabei vier Muster frühkindlicher Bindungsorganisation unterschieden (Ainsworth, Blehar, Waters & Wall, 1978): sichere Bindung (offener Ausdruck von Gefühlen, leichte Tröstbarkeit durch die Bindungsperson nach einer Trennungsphase), unsicher-vermeidende Bindung (Unterdrückung von Gefühlen, Vermeidung von Kontakt und Nähe zu der Bindungsperson), unsicher-ambivalente Bindung (gleichzeitige Suche nach Nähe zu der Bindungsperson und Abwehr von Trost) sowie desorganisierte Bindung (keine eindeutigen Verhaltensstrategien, Kontakt zu der Bindungsperson ist angstbesetzt).

Die Bindungsorganisation wird als eher überdauernd konzeptualisiert und kann die Persönlichkeitsentwicklung entscheidend mitgestalten. Durch die Verinnerlichung der Bindungserfahrungen resultieren internale Arbeitsmodelle oder Repräsentationen von Bindung (Bretherton, 1990; Main, Kaplan & Cassidy, 1985), die im Jugend- und Erwachsenenalter die Gestaltung sozialer Beziehungen mitbestimmen und wiederum Einfluss auf die Bindungsorganisation der eigenen Kinder nehmen sollen. Für die Klassifizierung von Bindungsrepräsentationen im Jugend- und Erwachsenenalter werden die Kategorien sicher, ängstlich-vermeidend und ängstlich-ambivalent verwendet. Die Annahme einer transgenerationalen Weitergabe der Bindungsorganisation konnte in einigen Arbeiten dahingehend gestützt werden, dass sich – auf Gruppenebene – signifikante Zusammenhänge zwischen den Bindungsrepräsentationen von Eltern und dem Bindungstyp der Kinder zeigten (vgl. Van Ijzendoorn, 1992).

Die Gestalt von Bindung ändert sich somit von der frühen Kindheit bis in das Erwachsenenleben eines Menschen erheblich. Um diesen Veränderungen, aber auch den sich ebenfalls stark wandelnden kognitiven, emotionalen und motorischen Fähigkeiten in den ersten Lebensjahrzehnten Rechnung zu tragen, wurden für die Diagnostik von Bindung verschiedene Zugangsweisen entwickelt (zur Übersicht z. B. Julius, Gasteiger-Klicpera & Kißgen, 2009). Eines der ersten und direkt an die Annahmen der Bindungsforschung geknüpften Verfahren ist der „Fremde-Situationen-Test", bei dem das Verhalten von Kleinkindern mit ihren Müttern nach einer stressinduzierenden Trennungssituation beobachtet und in die unterschiedlichen Bindungstypen klassifiziert wird (Ainsworth & Bell, 1970). Weiterhin wurden, vor allem für die Bindungsdiagnostik bei Kleinkindern, Beobachtungsverfahren wie das Attachment Q-Sort-Verfahren (Waters & Deane, 1985) entwickelt (für einen Überblick: Lim et al., 2010). Für Kinder in der frühen und mittleren Kindheit existieren weiterhin sprachlich basierte Verfahren, die entweder über einen (semi-)projektiven Ansatz (z. B. das „Geschichtenergänzungsverfahren zur Bindung", Gloger-Tippelt & König, 2009) oder über Interviews (z. B. das „Child Attachment Interview", Shmueli-Goetz, Target, Fonagy & Datta, 2008) Zugang zu der Bindungsorganisation von Kindern ermöglichen sollen. Bei der Diagnostik von Bindungsrepräsentationen im Jugend- und Erwachsenenalter ist das „Adult Attachment Interview" (für einen Überblick: Crowell & Treboux, 1995; Hofmann, 2001) ein häufig angewendetes Verfahren.

Neben den beiden genannten Zielen wurden im Rahmen der Hagener Studie auch weitere Fragestellungen exploriert (z. B. die Nachvollziehbarkeit der von den Sachverständigen dokumentierten Aktenanalysen, Aspekte der Formulierung psychologischer Fragen). Da diese Fragestellungen für die vorliegende Publikation nicht unmittelbar relevant sind, werden diese Ergebnisse hier nicht weiter dargestellt. Interessierte Leserinnen und Leser seien daher auf die Arbeiten von Meyer („Aktenanalysen in der familienrechtspsychologischen Begutachtung", 2014) und Borkenfeld („Qualität von Herleitung, Inhalt und Aufbau psychologischer Fragestellungen in familienrechtlichen Gutachten", 2014) verwiesen.

3.2 Methodik und Stichprobenbeschreibung

3.2.1 Gutachtengewinnung, Datenschutz und Repräsentativität

Am 27.07.2012 informierte das Referat für Justizforschung und -statistik des Justizministeriums NRW den Präsidenten des Oberlandesgerichts (OLG) Hamm über das Forschungsprojekt und kommunizierte das Einverständnis des Ministeriums. Im Anschluss wurden 38 Amtsgerichte im OLG-Bezirk Hamm mit der Bitte angeschrieben, das Projekt durch die Bereitstellung anonymisierter psychologischer

Gutachten zu unterstützen. Von den 38 angeschriebenen Amtsgerichten signalisierten 9 ihre grundsätzliche Kooperationsbereitschaft. Nach Vorgesprächen schloss die FernUniversität in Hagen mit vier Amtsgerichten Kooperationsverträge ab, die die Kooperationspflichten, den Datenschutz und die Verwertungsrechte regelten.

Die Gutachten und die zugehörigen Beweisbeschlüsse wurden in den Amtsgerichten komplett anonymisiert. Die Anonymisierung wurde von Justizbediensteten vor der Freigabe sorgfältig überprüft. Es wurden keine Namen von Sachverständigen, Richterinnen und Richtern, Begutachteten, Verfahrensbeteiligten u. a. erhoben. Eine Weitergabe von sensiblen Daten an Dritte wurde ausgeschlossen. Die Empfehlungen der Deutschen Forschungsgemeinschaft (DFG) zur Sicherung guter wissenschaftlicher Praxis wurden konsequent umgesetzt. Die Publikation der Daten lässt keine einzelfall- oder personenbezogenen Rückschlüsse zu.

Die Datenerhebung erfolgte im Zeitraum von 2012 bis 2013 an vier Amtsgerichten des OLG-Bezirks Hamm und erfasste sämtliche der von den vier Amtsgerichten in den Jahren 2010 und 2011 beauftragten Gutachten. Bis auf die wenigen Fälle, in denen die Akten im Umlauf waren, konnten sämtliche der von den vier Amtsgerichten in den Jahren 2010 und 2011 erhaltenen Gutachten lückenlos rekrutiert werden. Es handelt sich damit für diese Jahrgänge jeweils um Totalerhebungen, die repräsentativ für das jeweilige Amtsgericht sind. Zwei der Amtsgerichte befinden sich in Großstädten mit einer Einwohnerzahl über 100.000 Einwohner; zwei der Amtsgerichte befinden sich in Klein- bzw. Mittelstädten mit einer Einwohnerzahl unter 100.000 Einwohner. Es handelt sich damit um repräsentative Vollerhebungen an vier Amtsgerichten.

3.2.2 Gutachtenstichprobe

Ausweislich der Beweisbeschlüsse wurden in den Jahren 2010 und 2011 insgesamt 125 psychologische Gutachten und eine psychologische Stellungnahme von den vier beteiligten Amtsgerichten in Auftrag gegeben. In 8 Fällen wurde statt des angeforderten Gutachtens eine psychologische Stellungnahme erstattet, in einem weiteren Fall wurde ein Kurzgutachten erstattet. Da im Fall von psychologischen Stellungnahmen und Kurzgutachten nicht alle formalen und inhaltlichen Bestimmungsmerkmale eines psychologischen Gutachtens vorliegen, wurden diese in der Auswertung nicht berücksichtigt. Insgesamt gingen 116 familienrechtspsychologische Gutachten aus 2010 und 2011 in die Auswertungen ein. Der Umfang der 116 Gutachten variierte von 10 bis 137 Seiten (im Mittel knapp 56 Seiten). Bei 98 (84,5 %) Gutachten betraf der Beweisbeschluss die Erst- oder Neuregelung elterlicher Sorge beziehungsweise assoziierter Rechtsfragen. 63 dieser Gutachten wurden im Kontext von Sorgerechtsverfahren nach §1666 BGB („Kindeswohlgefährdung") eingeholt. Bei 18 (15,5 %) Gutachten betraf der Beweisbeschluss ausschließlich die Beurteilung psychologischer Aspekte der Erst- oder Neuregelung des Umgangsrechts. Hier wurde in 8 Beweisbeschlüssen eine mögliche Gefährdung des Kindeswohls durch Umgang thematisiert. In 116 (100 %) der Gutachten wurde die Begutachtung der leiblichen Elternteile oder primären Bezugspersonen dokumentiert, 112 (96,6 %) Gutachten dokumentierten die Begutachtung der Kinder. Das (approximierte) Durchschnittsalter der begutachten Kinder lag bei 5.91 Jahren (SD = 3.85 Jahre, Minimum = 0 Jahre, Maximum = 17 Jahre).

Gemäß §163 (2) FamFG kann das Gericht in Verfahren, die das Kind betreffen, anordnen, dass der Sachverständige bei der Erfüllung des Gutachtenauftrags auch auf Herstellung des Einvernehmens zwischen den Beteiligten hinwirken soll. In nur einem der 116 Beweisbeschlüsse zur Gutachtenbeauftragung lag zusätzlich zu einem entscheidungsorientierten Auftrag eine entsprechende Anordnung vor; in allen anderen stand die status- oder entscheidungsorientierte Begutachtung im Zentrum.

3.2.3 Sachverständige

Die Studie unterlag sehr weitreichenden Vorgaben hinsichtlich der Gewährleistung des Datenschutzes aller Personen, die in den Gutachten namentlich erwähnt werden (inklusive der Sachverständigen). Unter Wahrung der datenschutzrechtlichen Vorgaben lassen sich folgende Aussagen über die Sachverständigen treffen: 106 Gutachten (91,4 %) wurden von mindestens 40 unterschiedlichen Diplom- oder M.Sc.-Psychologinnen oder -Psychologen erstellt. 41 davon von Psychologinnen und Psychologen mit Approbation zum Psychologischen Psychotherapeuten und/oder Kinder- und Jugendpsychotherapeuten. 36 der Gutachten wurden von promovierten Psychologinnen und Psychologen und 30 von Psychologinnen und Psychologen mit Zertifizierung zum Fachpsychologen für Rechtspsychologie BDP/DGPs erstellt. 7 Gutachten wurden von Nicht-Psychologinnen und -Psychologen erstellt. 30 Sachverständige arbeiteten in insgesamt sechs großen, jeweils überregional tätigen Gemeinschaftspraxen oder gerichtspsychologischen Instituten. Die in den sechs Praxen/Instituten verfassten Gutachten wurden jeweils von mindestens zwei Personen unterzeichnet (d. h. die Zahl der in die Gutachtenerstellung involvierten Sachverständigen war insgesamt höher als 40).

Aufgrund der gerichtlichen Praxis, Sachverständige wiederholt zu beauftragen, ist allerdings davon auszugehen, dass einzelne Sachverständige mehrere der rekrutierten Gutachten verfasst haben. Bei der Interpretation der im Folgenden dargestellten Befunde ist also zu beachten, dass sich sämtliche Daten auf die Gutachten als Analyseeinheit und nicht auf die Sachverständigen beziehen. Dementsprechend kann aufgrund dieser Daten ausschließlich geschlussfolgert werden, ob und wie viele Gutachten an den kooperierenden Amtsgerichten in den Jahren 2010 und 2011 fachliche Qualitätsstandards weitgehend erfüllten (oder nicht erfüllten). Aussagen darüber, wie viele der gerichtlichen Sachverständigen fachlich qualifizierte oder unqualifizierte Leistungen erbracht haben, sind aufgrund unserer Daten weder intendiert noch möglich.

4 Ergebnisse

4.1 Kriteriengeleitete Analyse des in den Gutachten dokumentierten methodischen Vorgehens

Die inhaltsanalytische Auswertung bezieht sich auf folgende Prüfkriterien:

(1) Herleitung psychologischer Fragen,
(2) Begründung der Auswahl der Datenerhebungsverfahren,
(3) Psychometrische Qualität der Datenerhebungsverfahren,
(4) Berücksichtigung methodischer Einschränkungen bei der Interpretation der Untersuchungsergebnisse.

Im Folgenden werden die Ergebnisse zu diesen Kriterien dargestellt.

4.1.1 Herleitung psychologischer Fragen

Zur Beurteilung der Erfüllung dieses Kriteriums wurden aus den Empfehlungen der Arbeitsgruppe „Qualitätsstandards für psychodiagnostische Gutachten" (DGPs, 2011, S. 9) drei Fragen in das Kategoriensystem aufgenommen:

Werden aus der gerichtlichen Fragestellung fachpsychologische Arbeitshypothesen (psychologische Fragen) hergeleitet?

Wenn ja: Erscheint die Herleitung der psychologischen Fragen hinreichend wissenschaftlich fundiert?

Wenn ja: Werden aus den psychologischen Fragen Kriterien für die Beantwortung der gerichtlichen Fragen abgeleitet bzw. begründet?

Die Beurteiler beantworteten diese Fragen für jedes Gutachten anhand der Alternativen „ja" oder „nein". Zudem bestand die Möglichkeit, zusätzliche Erläuterungen abzugeben, falls diese Alternativen zur Beurteilung ungeeignet erschienen.

Herleitung psychologischer Fragen: Die Auswertungen ergaben, dass in 65 (56,0 %) der Gutachten keine psychologischen Fragen aus der gerichtlichen Fragestellung hergeleitet wurden. In diesen Fällen begann das Gutachten typischerweise mit der Nennung der gerichtlichen Fragestellung und einer Darstellung der Vorgeschichte – die in der Regel, aber auch nicht immer, mit Verweis auf die Akten resümiert wurde. Anschließend wurde ohne Nennung konkreter psychologischer Fragen direkt der Untersuchungsverlauf und/oder die Durchführung einzelner diagnostischer Verfahren bzw. deren Ergebnisse beschrieben. In den

51 Gutachten, in denen psychologische Fragen hergeleitet wurden, wurden im Mittel 8.75 Fragen formuliert (*SD* = 5.17, Minimum = 1 Frage, Maximum = 24 Fragen).

Wissenschaftliche Fundierung: Westhoff und Kluck (2008, S. 44ff.) haben detaillierte Leitlinien für eine wissenschaftlich-angemessene und gleichwohl adressatenorientierte Formulierung psychologischer Fragen im Kontext der familienrechtspsychologischen Begutachtung ausgearbeitet. Ein wichtiges Kriterium ist, dass „die Auswahl der [untersuchten] Merkmale kurz und allgemein verständlich mit einer Gesetzmäßigkeit oder Regelhaftigkeit im Verhalten begründet" wird (ebd., S. 253; eigene Einfügung). Die Empfehlungen der Arbeitsgruppe „Qualitätsstandards für psychodiagnostische Gutachten" im Auftrag der DGPs beinhalten in ähnlichem Sinne die Forderung, dass die Herleitung der psychologischen Fragen „anhand wissenschaftlicher Erkenntnisse und anderer begründeter Annahmen" erfolgt und im „schriftlichen Gutachten expliziert dargestellt wird". Die Ausführlichkeit der Herleitung und der Begründung psychologischer Fragen im schriftlichen Gutachten richtet sich dabei nach dem Vorwissensstand des Adressaten (DGPs, 2011, S. 9).

Unter Berücksichtigung der oben dargelegten Leitlinien bzw. Empfehlungen galt das Kriterium der wissenschaftlichen Fundierung der psychologischen Fragen in der vorliegenden Untersuchung als erfüllt, wenn im Kontext der Formulierung der psychologischen Fragen mindestens einmal explizit auf psychologische oder weitere wissenschaftliche Erkenntnisse Bezug genommen wurde, um entweder psychologische Gesetzmäßigkeiten oder Regelhaftigkeiten zu beschreiben und/oder um die untersuchten Merkmale im psychologischen Sinne zu definieren (z. B. in Form einer Quellenangabe oder in Form der Nennung einer theoretischen Grundlage, vgl. „Beispielgutachten zu Fragen des Sorgerechts und der Umgangsregelung im familienrechtlichen Verfahren" in Westhoff & Kluck, 2008, S. 162). Von den 51 Gutachten, in denen psychologische Fragen formuliert wurden, erfüllten 24 (47,0 % von 51) dieses Minimalkriterium; 27 (52,9 % von 51) der Gutachten erfüllten dieses Kriterium nicht. In diesen Fällen blieb es damit unklar, welche wissenschaftlichen Erkenntnisse – in Abgrenzung zu Alltagsannahmen oder Plausibilitäten – der Formulierung der Untersuchungsfragen zugrunde lagen und/oder mit welcher Begriffsdefinition die Sachverständigen operierten.

Ableitung von Kriterien: Die Arbeitsgruppe „Qualitätsstandards für psychodiagnostische Gutachten" im Auftrag der DGPs konstatiert, dass für die Transparenz und Nachvollziehbarkeit des gutachterlichen Vorgehens die Ableitung von Entscheidungskriterien für die Beantwortung der psychologischen Fragen notwendig sei (z. B. Ausprägungen der elterlichen Erziehungskompetenzen, Art der Bindung des Kindes; DGPs, 2011, S. 9). Von den 51 Gutachten, in denen psychologische Fragen formuliert wurden, erfüllten 28 (54,9 % von 51) dieses Kriterium; 23 (45,1 % von 51) erfüllten dieses Kriterium hingegen nicht (d. h. es wurde nicht dargelegt, welche Kriterien für die Beantwortung der Frage in der Untersuchung herangezogen wurden).

Zwischenfazit: In 56,0 % der Gutachten werden aus der gerichtlichen Fragestellung keine fachpsychologischen Arbeitshypothesen, also psychologische Fragen, hergeleitet. In diesen Fällen ist damit nicht nachvollziehbar, ob und inwieweit es sich bei dem gutachterlichen Vorgehen um einen durch wissenschaftliche Hypothesen geleiteten Prozess oder um einen subjektiv-intuitiven Erkenntnisakt handelt. In über der Hälfte der Gutachten, in denen psychologische Fragen formuliert wurden, war – trotz eines vergleichsweise moderaten Prüfkriteriums (Verweis auf eine (!) wissenschaftliche Quelle oder theoretische Grundlage) – auch für psychologisch ausgebildete Beurteiler nicht nachvollziehbar, ob bei der Formulierung der Fragen auf psychologische oder weitere wissenschaftliche Erkenntnisse Bezug genommen wurde und welche dies waren. Eine Präzisierung fachlich und interdisziplinär mehrdeutiger und bereits alltagssprachlich konnotierter Begriffe – wie beispielsweise bei Westhoff und Kluck (2008, S. 162) exemplarisch dargestellt – erfolgte nur in einer Minderzahl der Fälle. Letzterer Sachverhalt ist insbesondere deshalb kritisch zu bewerten, da zentrale Begriffe, wie z. B. „Bindung", „Kindeswohl" oder „Erziehungsfähigkeit", je nach theoretischer oder fachlicher Provenienz mit unterschiedlichen Bedeutungen versehen sind. Zudem sind diese Begriffe auch bereits alltagssprachlich mit Bedeutungen belegt (z. B. mit normativen Vorstellungen), was eine präzise wissenschaftliche Definition dringend erforderlich macht. Insgesamt begründen ferner in nur 24 % der Fälle die hergeleiteten psychologischen Fragen die gutachterlichen Entscheidungskriterien zur Beantwortung der Fragen.

4.1.2 Begründung der Auswahl der Datenerhebungsverfahren

Für die Beurteilung der Erfüllung dieses Kriteriums wurden aus den Empfehlungen der Arbeitsgruppe „Qualitätsstandards für psychodiagnostische Gutachten" (DGPs, 2011, S. 9f.) zwei Fragen abgeleitet:

Wird die Auswahl diagnostischer Verfahren anhand der explizierten psychologischen Fragen begründet? (falls Fragen vorliegen)

Wird die Auswahl der Verfahren methodisch begründet (mit Blick auf Gütekriterien)?

Inhaltliche Begründung: Wie Westhoff und Kluck (2008, S. 167) ausführen, wird der Bezug zwischen den Untersuchungsmethoden und den psychologischen Fragen dadurch erreicht, dass bei den Explorationen die jeweiligen Themen und bei den Verhaltens- und Interaktionsbeobachtungen die jeweiligen Aspekte, unter denen das Verhalten bzw. die Interaktion beobachtet werden sollen, im Gutachten genannt werden. Eine Bejahung der Frage nach der Begründung der Untersuchungsmethoden und Datenerhebungsverfahren erfolgte dementsprechend dann, wenn derartige Bezüge zu den psychologischen Fragen bei der Beschreibung der Untersuchungsmethoden überwiegend vorlagen und die Nicht-Begründung eines Einzelverfahrens eher eine Ausnahme darstellte. Die Beurteiler beantworteten die Frage nach der Begründung der Verfahren durch psychologische Fragen anhand der Alternativen „überwiegend ja" oder „überwiegend nein". Zudem bestand die Möglichkeit, zusätzliche Erläuterungen abzugeben, falls diese Alternativen zur Beurteilung ungeeignet erschienen.

Ob die Verfahrensauswahl durch die psychologischen Fragen begründet ist, lässt sich nur für die 51 Gutachten beantworten, in denen psychologische Fragen formuliert wurden. Bei 33 (64,7 %) dieser Gutachten wurden die eingesetzten Verfahren nicht mit Bezugnahme auf die psychologischen Fragen begründet. In diesen Fällen folgte auf die Formulierung der psychologischen Fragen typischerweise bereits eine Beschreibung der Ergebnisse der eingesetzten Untersuchungsmethoden (nicht aber eine Begründung der Methode). Anders als bei Westhoff und Kluck (2008, S. 167) beispielhaft dargestellt, war in diesen Fällen also nicht nachvollziehbar, in welchem Bezug die Untersuchungsmethode zu den psychologischen Fragen stand. Insgesamt erfolgt damit in 85,5 % der 116 Gutachten entgegen der geforderten Standards keine Begründung der Datenerhebungsmethoden und -verfahren anhand der psychologischen Fragen.

Methodische Begründung: Bei der Auswahl der Untersuchungsverfahren sind gemäß den Empfehlungen der DGPs-Arbeitsgruppe die psychometrischen Gütekriterien zu beachten (DGPs, 2011, S. 9f.). Allerdings muss sich die Ausführlichkeit der Beschreibung des Verfahrens (inklusive der Beschreibung der Gütekriterien) am Vorwissen des Adressaten orientieren. Es wäre also überzogen zu erwarten, dass jede Untersuchungsmethode bzw. jedes Datenerhebungsverfahren – wie im Fall einer Forschungsarbeit üblich – anhand der psychometrischen Gütekriterien charakterisiert wird. Tatsächlich zeigten die Analysen, dass nur in 8 Gutachten (6,9 %) bei der Beschreibung der Untersuchungsmethoden/-verfahren die psychometrischen Gütekriterien zur Charakterisierung der Verfahren herangezogen wurden (z. B. Hinweise auf aktuelle Normwerte psychologischer Testverfahren enthielten).

Zwischenfazit: In der überwiegenden Zahl der Gutachten (85,5 %) wird die Auswahl der eingesetzten diagnostischen Verfahren – anders als in der einschlägigen Literatur gefordert – nicht anhand der psychologischen Fragen begründet. Dieser hohe Wert kommt zum einen dadurch zustande, dass bereits in 56,0 %

der Gutachten aus der gerichtlichen Fragestellung keine psychologischen Fragen hergeleitet werden. Allerdings wurden auch in der Mehrzahl der Fälle, in denen psychologische Fragen formuliert wurden, die gewählten Untersuchungsmethoden nicht in nachvollziehbarer Form mit diesen Fragen in Bezug gesetzt. In einem Großteil der Gutachten ist also nicht nachvollziehbar, ob und inwieweit für die Auswahl der Untersuchungsverfahren angemessene inhaltliche Kriterien eine Rolle gespielt haben oder ob die Auswahl der Verfahren in erster Linie auf der Basis individueller Präferenzen oder Routinen erfolgte. Psychometrische Gütekriterien wurden bei der Begründung der Auswahl der Untersuchungsmethoden/-verfahren nur äußerst selten erwähnt (in 6,9 % der Gutachten). Anders als die inhaltliche Begründung von Untersuchungsverfahren, die in jedem Fall gegeben sein sollte, ist eine Darlegung der psychometrischen Qualität von Methoden (beziehungsweise von Einschränkungen der Qualität) nur dann angezeigt, wenn dies aufgrund der tatsächlich eingesetzten Untersuchungsverfahren notwendig ist. Wir werden daher auf diesen Befund zurückkommen, wenn wir die Ergebnisse zur psychometrischen Qualität der eingesetzten Methoden und Verfahren berichten.

4.1.3 Psychometrische Qualität der Datenerhebungsverfahren

Datenerhebungsverfahren lassen sich nach unterschiedlichen Kriterien klassifizieren (Krohne & Hock, 2007, S. 237). Für die folgenden Beurteilungen der psychometrischen Qualität der Datenerhebungsverfahren wurde ein vergleichsweise einfaches Einteilungsschema gewählt, das für das Ziel der vorliegenden Untersuchung jedoch hinreichend ist. Demnach wurde beurteilt, ob der Sachverständige relevante Daten durch Interviews im Sinne eines diagnostischen Explorationsgesprächs, durch geplante Verhaltensbeobachtungen und/oder durch psychologische Testverfahren erhob. Für jede Verfahrensklasse wurde anhand zusätzlicher Fragen die psychometrische Qualität des eingesetzten Verfahrens eingeschätzt.

Diagnostische Interviews (Explorationen). In der familienrechtspsychologischen Diagnostik kommt dem diagnostischen Interview (auch: Exploration) eine zentrale Rolle zu (z. B. Westhoff & Kluck, 2008). Die Forschungsliteratur liefert zahlreiche Belege dafür, dass ungeplante und/oder unzureichend vorbereitete (d. h. unsystematische) Interviews unvollständige, unzuverlässige und fehlerhafte Informationen produzieren (z. B. Krohne & Hock, 2007, S. 243f.; Wiesflecker & Kubinger, 2005). Für die psychometrische Qualität des diagnostischen Interviews spielt daher der Grad der Systematisierung eine herausragende Rolle (vgl. Kapitel 2.3.3.4).

Ein zentraler Indikator für den Systematisierungsgrad ist, ob sich die Sachverständigen bei der Durchführung des Gesprächs auf einen zuvor vorbereiteten Leitfaden stützen, in dem Inhalte und Vorgehensschritte spezifiziert werden, die zur Prüfung psychologischer Fragen mittels des Gesprächs notwendig sind (Westhoff & Kluck, 2008, S. 87f). Zur Beurteilung der psychometrischen Qualität der Interviews beantworteten die Beurteiler für jedes Gutachten daher die folgenden Fragen:

Werden Interviews eingesetzt?

Wenn ja: Wird im Gutachten die Struktur eines nach psychologischen Themen aufgebauten Interviewleitfadens bzw. seine Inhalte beschrieben? (Oder ist dieser im Anhang einsehbar?)

Wenn ja: Geht aus der Dokumentation die systematische Abarbeitung eines nach psychologischen Themen strukturierten Leitfadens hervor?

Die Beurteiler beantworteten diese Fragen anhand der Alternativen „ja" oder „nein". Zudem bestand die Möglichkeit, zusätzliche Erläuterungen abzugeben, falls diese Alternativen zur Beurteilung ungeeignet erschienen. Als Minimalkriterium für die Bejahung der Fragen zur Verwendung eines Leitfadens galt die Darlegung der Zielsetzungen, mit denen das Gespräch geführt wurde (d. h. Angaben darüber, welche Themen zu welchem Zweck im Gespräch angesprochen wurden, vgl. Westhoff & Kluck, 2008, S. 167) bzw. eine an diesen Zielsetzungen orientierte Dokumentation des Gesprächs im Untersuchungsbericht.

Die Auswertungen zeigen, dass in allen Gutachten der Einsatz von Interviews dokumentiert wurde. Allerdings wurden in 107 (89,7 %) der Gutachten keine Angaben dazu gemacht, warum bestimmte Themen im Gespräch angesprochen wurden und welche psychologischen Fragen mit dem Gespräch eigentlich geprüft werden sollten. In 84 (72,4 %) der Gutachten war auch anhand der Dokumentation des Interviews nicht erkennbar, mit welcher konkreten Zielsetzung das Gespräch geführt wurde. Tatsächlich bezog sich die Dokumentation der Interviews in diesen Fällen weitgehend auf subjektiv-verlaufsprotokollartig angelegte Schilderungen von Gesprächen des Sachverständigen mit einer Person (oder mehreren Personen gleichzeitig), die keine Rückschlüsse darauf zuließen, dass mit dem Gespräch auf systematische und geplante Weise die zur Beantwortung psychologischer Fragen notwendigen Informationen eruiert wurden.

Zwischenfazit: In der überwiegenden Zahl der Gutachten (69,0 %) ist weder aus der Verfahrensbeschreibung noch aus der Dokumentation der Verfahrensdurchführung hinreichend nachvollziehbar, dass es sich bei den dokumentierten Gesprächen um systematisch geplante diagnostische Gespräche handelt, die dazu dienten, die Informationen zu eruieren, die für die Beantwortung psychologischer Fragen notwendig sind. Im ungünstigsten Fall handelt es sich bei diesen

Interviews um unsystematische oder rein intuitiv strukturierte Gespräche, deren psychometrische Qualität auf der Grundlage einschlägiger empirischer Forschung als zweifelhaft einzuschätzen ist (z. B. Krohne & Hock, 2007, S. 243f.).

Verhaltensbeobachtung. Hinsichtlich der Verhaltensbeobachtung lässt sich zwischen unsystematischer und systematischer Verhaltensbeobachtung unterscheiden (Krohne & Hock, 2007, S. 250f). Während die unsystematische Verhaltensbeobachtung der Alltagsbeobachtung gleicht, erfolgt im Fall der systematischen Beobachtung die Aufzeichnung und Auswertung nach einem zuvor bestimmten Plan (z. B. einem Beobachtungssystem/Kodierschema). Die Systematisierung der Verhaltensbeobachtung ist für die Beurteilung der methodischen Qualität von zentraler Bedeutung, da analog zur Planung und Systematisierung des Interviews mit zunehmender Systematisierung der Verhaltensbeobachtung die Objektivität, die Reliabilität und die Validität steigt (Greve & Wentura, 1995). Eine systematische Verhaltensbeobachtung setzt voraus, dass die Beobachtungssituation geplant ist, und damit die Bedingungen der Beobachtungssituation durch die beobachtende Person vor Eintreten der Situation definiert wurden. Damit ist die Planung einer Verhaltensbeobachtung eine notwendige, jedoch nicht hinreichende Bedingung für eine systematische, kriteriengeleitete Beobachtung.

Um Aufschlüsse über den Einsatz von Verhaltensbeobachtungen und deren Systematisierungsgrad zu erhalten, wurde von den Beurteilern jedes Gutachten anhand der folgenden Fragen beurteilt:

Werden geplante (in Abgrenzung zu beiläufigen oder spontanen) Verhaltensbeobachtungen durchgeführt?

Wenn ja: Wird im Gutachten ein Kategoriensystem beschrieben? (Oder ist es im Anhang einsehbar?)

Wenn ja: Geht aus der Dokumentation hervor, dass bei der Registrierung des Verhaltens ein vorher spezifiziertes Kategoriensystem verwendet wurde?

Die Beurteiler beantworteten diese Fragen für jedes Gutachten anhand der Alternativen „ja" oder „nein". Zudem bestand die Möglichkeit, zusätzliche Erläuterungen abzugeben, falls diese Alternativen zur Beurteilung ungeeignet erschienen. Als Minimalkriterium für die Bejahung der Fragen zum Systematisierungsgrad galt die Darlegung der Zielsetzungen, unter denen das Verhalten beobachtet wurde (d. h. Angaben darüber, welche Aspekte des Verhaltens zu welchem Zweck beobachtet wurden, vgl. Westhoff & Kluck, 2008, S. 167) bzw. eine an diesen Zielsetzungen orientierte Dokumentation der Verhaltensbeobachtung im Untersuchungsbericht.

Die Auswertungen zeigen, dass in 94 der 116 Gutachten (81,0 %) der Einsatz von geplanten Verhaltensbeobachtungen dokumentiert wurde (z. B. Beobachtungen der Interaktionen des Kindes mit den Eltern). Allerdings wurden in 91 dieser

Gutachten (96,8 % von 94) keine Angaben gemacht, die Aufschluss darüber geben, nach welcher Systematik Verhaltensaspekte beobachtet und registriert wurden. Weder wurde ein Beobachtungssystem/Kodierschema beschrieben, noch wurde dargelegt, welche Aspekte des Verhaltens zu welchem Zweck beobachtet wurden. Ebenso wenig ging aus der Dokumentation der Verhaltensbeobachtung hervor, dass mit der Beobachtung auf systematische und geplante Weise die zur Beantwortung psychologischer Fragen notwendigen Informationen eruiert wurden. Tatsächlich bezog sich die Dokumentation der Verhaltensbeobachtungen in diesen Fällen weitgehend auf anekdotische Schilderungen von selektiven Verhaltenssequenzen, die keine Rückschlüsse auf ein systematisches und auf die Reduktion von Beobachtungsfehlern ausgerichtetes Vorgehen zuließ.

Zwischenfazit: In 96,8 % der Gutachten, in denen geplante Verhaltensbeobachtungen eingesetzt wurden, ist weder aus der Verfahrensbeschreibung noch aus der Dokumentation hinreichend nachvollziehbar, dass es sich bei den dokumentierten Verhaltensbeobachtungen tatsächlich um systematische Verhaltensbeobachtungen im wissenschaftlichen Sinne handelt. Im ungünstigsten Fall handelt es sich bei diesen Verhaltensbeobachtungen um rein intuitive Beobachtungsakte, deren psychometrische Qualität auf der Grundlage einschlägiger empirischer Forschung zu Wahrnehmungs- und Urteilsfehlern in diagnostischen Situationen als zweifelhaft einzuschätzen ist (z. B. Greve & Wentura, 1995; Salzgeber, 2011, 570ff).

Testverfahren und voll standardisierte Checklisten. Um Aufschlüsse über den Einsatz psychologischer Testverfahren zu erhalten, wurde von den Beurteilern für jedes Gutachten registriert, ob im Rahmen der Datenerhebung psychologische Testverfahren (inklusive voll standardisierter Checklisten) eingesetzt wurden und, falls zutreffend, um welche Verfahren es sich dabei handelte. Als Einschränkung zu diesen Auswertungen ist anzumerken, dass in vielen Gutachten nur unzureichende Angaben zu den verwendeten psychologischen Testverfahren gemacht wurden. Dadurch blieb häufig unklar, um welche Auflage eines Tests es sich handelte. Für die vorliegenden Auswertungen wurden jeweils die Angaben zur bis dahin aktuellsten Version herangezogen.

Die Auswertungen zeigten, dass in 85 (73,3 %) der 116 Gutachten Testverfahren (oder testähnliche Verfahren) eingesetzt wurden. Testverfahren lassen sich nach unterschiedlichen Kriterien klassifizieren (z. B. Brähler, Holling, Leutner & Petermann, 2002). Für die Auswertungen wurden die Verfahren folgenden Kategorien zugeordnet: (1) Fragebögen/Screenings zur Erfassung familienbeziehungsrelevanter Eigenschaften und Einstellungen, (2) Klinische Testverfahren/ Checklisten zur Diagnostik psychischer Störungen und Auffälligkeiten (Selbstbericht oder Fremdeinschätzung), (3) Entwicklungsdiagnostische Testverfahren,

(4) Leistungstests zur Erfassung von Intelligenz und Aufmerksamkeit, (5) Persönlichkeitsstrukturtests und (6) projektive Verfahren zur verdeckten Erfassung unbewusster Motive, Ängste, Wünsche. Im Folgenden werden die Ergebnisse für jede dieser Kategorien beschrieben. Die Kategorien sind dabei nach der Häufigkeit absteigend angeordnet (zum Überblick s. Tabelle 1).

Tabelle 1: *Häufigkeit des Einsatzes von Testverfahren (n = 116 Gutachten)*

Testverfahren	Häufigkeit
Einsatz von Testverfahren insgesamt	73 %
Testkategorie:	von 73 %
Projektive Verfahren Familienpsychologische Wunschprobe, Wilde, 1950 (16); Family-Relations-Test, Bene & Anthony, 1957 (14); Schloss-Zeichen-Test, o. A., o. J. (14); Kinderapperzeptionstest, Bellak & Bellak, 1955 (6); Fabelmethode, Düss, 1964 (6); Familie-in-Tieren-Test, Brem-Gräser, 1995 (6); Sceno-Test, v. Staabs, 2004 (5)	55,3 %
Persönlichkeitsstrukturtests Hamburger Neurotizismus- und Extraversionsskala für Kinder und Jugendliche, Bugge & Baumgärtel, 1975 (6); Minnesota Multiphasic Personality Inventory, Übersetzung durch Engel, 2000 (5)	30,5%
Klinische Verfahren Elternfragebogen für das Verhalten von Kindern CBCL 4–18, Arbeitsgruppe „Child Behavior Checklist", 1998a (9); Fragebogen für Jugendliche YSR/11–18, Arbeitsgruppe „Child Behavior Checklist", 1998b (4)	24,7 %
Verfahren zur Erfassung familienbeziehungsrelevanter Merkmale Sorge- und Umgangsrechtliche Testbatterie, Hommers, 2009 (6); Eltern-Belastungs-Screening zur Kindeswohlgefährdung, Deegener, Spangler, Körner & Becker, 2007 (5); deutsches Children-Attachment-Interview, Shmueli-Goetz, Target, Fonagy & Datta, 2008 (4)	22,4 %
Intelligenz- und Leistungstests Culture Fair Test 20-R, Weiß, 2009 (6); Aufmerksamkeits-Belastungstest d2, Brickenkamp, 1994 (5); Hamburg-Welcher-Intelligenztest für Erwachsene, Tewes, 1991 (5)	20,0 %
Entwicklungsdiagnostische Verfahren Sensumotorisches Entwicklungsgitter, Kiphard, 2006 (6); Mann-Zeichen-Test, Brosat & Tötemeyer, 2007 (4)	14,1 %

Projektive Verfahren: Verfahren aus dieser Kategorie wurden in 47 (55,3 %) der 85 Gutachten eingesetzt, die Testverfahren (oder testähnliche) Verfahren dokumentieren. Damit werden projektive Verfahren im Vergleich zu Verfahren aus anderen Kategorien am häufigsten eingesetzt. Insgesamt wurden mehr als 17 projektive

Verfahren dokumentiert. Die am häufigsten genannten Einzelverfahren (Einsatz in mehr als 3 Gutachten) waren mit 16 Nennungen die „Familienpsychologische Wunschprobe" von Wilde (1950), mit 14 Nennungen der „Family-Relation-Test" (FRT) von Bene und Anthony (1957), mit 14 Nennungen der „Schloss-Zeichen-Test" (o. A., o. J.), mit jeweils 6 Nennungen der „Kinderapperzeptionstest" (CAT) von Bellak und Bellak (1955), die „Fabelmethode" von Düss (1964), der „Familie-in-Tieren-Test" (FIT) von Brem-Gräser (1995) und mit 5 Nennungen der „Sceno-Test" von Staabs (2004). Zusätzlich wurden zahlreiche Varianten von Satzergänzungs- oder Geschichtenergänzungsverfahren als Testverfahren benannt.

Persönlichkeitsstrukturtests: Testverfahren aus dieser Kategorie wurden in 26 (30,5 %) der 85 Gutachten eingesetzt, die Testverfahren dokumentieren. Insgesamt wurden 9 Einzelverfahren dokumentiert. Die am häufigsten eingesetzten Einzelverfahren (Einsatz in mehr als 3 Gutachten) waren mit 6 Nennungen die „Hamburger Neurotizismus- und Extraversionsskala für Kinder und Jugendliche" (HANES-KJ) von Bugge und Baumgärtel (1975) und mit 5 Nennungen das „Minnesota Multiphasic Personality Inventory" (MMPI-2) in der deutschen Adaptation (Hathaway, McKinley & Engel, 2000).

Klinische Testverfahren zur Diagnostik psychischer Störungen und Auffälligkeiten: Testverfahren aus dieser Kategorie wurden in 21 (24,7 %) der 85 Gutachten eingesetzt, die die Verwendung von Testverfahren dokumentieren. Insgesamt wurden 10 Einzelverfahren dokumentiert. Die am häufigsten eingesetzten Einzelverfahren (Einsatz in mehr als 3 Gutachten) waren mit 9 Nennungen der „Elternfragebogen für das Verhalten von Kindern" (CBCL 4–18) der Arbeitsgruppe „Deutsche Child Behavior Checklist" (1998a), und mit 4 Nennungen der „Fragebogen für Jugendliche" (YSR/ 11–18) der Arbeitsgruppe „Deutsche Child Behavior Checklist" (1998b).

Fragebögen zur Erfassung familienbeziehungsrelevanter Eigenschaften und Einstellungen: Testverfahren aus dieser Kategorie wurden in 19 (22,4 %) der 85 Gutachten eingesetzt, die die Verwendung von Testverfahren dokumentieren. Insgesamt wurden 10 Einzelverfahren dokumentiert. Die am häufigsten eingesetzten Einzelverfahren (Einsatz in mehr als 3 Gutachten) waren mit 6 Nennungen die „Sorge- und Umgangsrechtliche Testbatterie" (SURT) von Hommers (2009), das „Eltern-Belastungs-Screening zur Kindeswohlgefährdung" (EBSK) von Deegener, Spangler, Körner und Becker (2007) (5 Nennungen) und eine deutschsprachige Version des „Child-Attachment-Interview" (CAI) von Shmueli-Goetz, Target, Fonagy und Datta (2008) (4 Nennungen).

Leistungstests zur Erfassung von Intelligenz und Aufmerksamkeit: Testverfahren aus dieser Kategorie wurden in 17 (20,0 %) der 85 Gutachten eingesetzt, die den

Einsatz von Testverfahren dokumentieren. Insgesamt wurden 9 Einzelverfahren dokumentiert. Die am häufigsten eingesetzten Einzelverfahren (Einsatz in mehr als 3 Gutachten) waren mit 6 Nennungen der „Culture Fair Test" (CFT20-R) von Weiß (2006) und mit jeweils 5 Nennungen der „Aufmerksamkeits-Belastungstest" (Test d2) von Brickenkamp (1994), sowie der „Hamburg-Wechsler-Intelligenztest für Erwachsene" (HAWIE-R) von Tewes (1991).

Entwicklungsdiagnostische Testverfahren: Testverfahren aus dieser Kategorie wurden in 12 (14,1 %) der 85 Gutachten eingesetzt, die die Verwendung von Testverfahren dokumentieren. Insgesamt wurden 6 Einzelverfahren dokumentiert. Die am häufigsten eingesetzten Einzelverfahren (Einsatz in mehr als 3 Gutachten) waren mit 6 Nennungen das „Sensomotorische Entwicklungsgitter" von Kiphard (2006) und mit 4 Nennungen der „Mann-Zeichen-Test" (MZT) von Brosat und Tötemeyer (2007).

Die Frage, ob der Einsatz der in den Gutachten dokumentierten Testverfahren im Einzelfall aus fachlicher Sicht begründet ist, bedarf einer differenzierten inhaltsanalytischen Auswertung, die andernorts geleistet werden wird. Auffällig ist allerdings, dass die Testverfahren, die explizit für sorge- und umgangsrechtliche psychologische Fragestellungen konzipiert wurden, wie etwa die SURT von Hommers (2009), relativ selten zum Einsatz kommen. Im Gegensatz dazu wird der Diagnostik von Persönlichkeitsstrukturen ein überraschend hoher Stellenwert eingeräumt – und dies obwohl gerade die Diagnostik von Persönlichkeitseigenschaften im Kontext familienpsychologischer Fragestellungen aus fachlichen und ethischen Gesichtspunkten in der Fachliteratur ausgesprochen kritisch beurteilt wird (z. B. Zuschlag, 2002, S. 247ff). Auch bestehen durchaus juristische Bedenken gegen die Verwendung von Persönlichkeitstests in familienrechtspsychologischen Gutachten, da ihr Einsatz und die Darstellung der Ergebnisse einen erheblichen Eingriff in die Persönlichkeitssphäre darstellen kann (Salzgeber, 2011, S. 563ff).

Unabhängig von diesen inhaltlichen Fragen stellt sich aus methodischer Sicht die Frage, ob und inwieweit die verwendeten Verfahren die fachlich geforderten Testgütekriterien erfüllen (vgl. Kapitel 2.3.3.4). Daher wurde dies für alle dokumentierten Verfahren anhand einschlägiger Testhandbücher (z. B. Brähler, Holling, Leutner & Petermann, 2002) beziehungsweise anhand der Informationen aus Testzentralen geprüft. Diese Überprüfung ergab, dass mit Ausnahme der Verfahren aus der Kategorie der projektiven Verfahren der überwiegende Teil der Verfahren in den übrigen Kategorien die Testgütekriterien weitgehend bis vollständig erfüllte. Allerdings ist dabei zu konstatieren, dass Testverfahren (z. B. der HAWIE-R, Tewes, 1991) eingesetzt wurden, deren Normierung nicht den aktuellsten Stand aufwies.

Die projektiven Verfahren hingegen, also die Verfahren, die am häufigsten eingesetzt werden, entsprechen diesen Testgütekriterien nicht. Die auf dieser Basis gewonnenen Erkenntnisse erfüllen somit nicht die Standards einer wissenschaftlich-fundierten entscheidungsorientierten Einzelfalldiagnostik. Tatsächlich wird in der Literatur aufgrund des spekulativen Charakters vieler projektiver Verfahren sogar davon abgeraten, diese als Explorationshilfe zur Hypothesengenerierung zu verwenden (z. B. Baumgärtel & Thomas-Langel, 2015; Petermann, 1997, S. 92; siehe auch Leitner, 2000). Die Literatur verweist darauf, dass die Anwendung projektiver Testverfahren am ehesten bei Kindern im Vorschulalter zu rechtfertigen ist (Castellanos & Hertkorn, 2014). Um den Einsatz projektiver Verfahren in Abhängigkeit vom Alter der in den Gutachten untersuchten Kinder genauer zu ermitteln, wurden die Kinder entsprechend ihres Alters einer von fünf Gruppen zugeordnet: (1) Kleinkinder (1.–3. Lebensjahr; n = 0 Kinder), (2) Kindergartenkinder (4.–6. Lebensjahr; n = 21 Kinder), (3) Grundschulkinder (7.–11. Lebensjahr), n = 33 Kinder), (4) Schulkinder / Jugendliche (12.–14. Lebensjahr, n = 6 Kinder) und Jugendliche (ab dem 15. Lebensjahr, n = 3 Jugendliche). Eine Inspektion der Verteilung zeigt, dass – entgegen den Empfehlungen von Castellanos und Hertkorn (2014) – projektive Verfahren vom 4. bis zum einschließlich 15. Lebensjahr eingesetzt wurden, am häufigsten dabei bei Grundschulkindern (7.–11. Lebensjahr, insgesamt 33 Fälle).

Zwischenfazit: Trotz der wissenschaftlichen Kritik am spekulativen Charakter vieler projektiver Verfahren werden in gut 40 % der vorliegenden Gutachten projektive Verfahren eingesetzt; insgesamt sind projektive Verfahren die am häufigsten eingesetzte Kategorie von Testverfahren. Addiert man nun die Zahl der Gutachten, bei denen aufgrund der Dokumentation nicht erkennbar ist, dass die Datenerhebung einem systematischen und auf die Reduktion von Beobachtungsfehlern ausgerichteten Vorgehen folgt (d. h. Gutachten, in denen – auch nach den angelegten Minimalkriterien – jeweils keine Systematik der Gesprächsführung und keine Systematik der Beobachtung dokumentiert wird und die keine oder ausschließlich psychometrisch unzureichende – projektive – Testverfahren einsetzten), so kommt man zu dem Ergebnis, dass in über einem Drittel der 116 Gutachten (n = 41, 35,3 %) die Datenerhebung ausschließlich über methodisch problematische Verfahren erfolgt. Berücksichtigt man noch die Gutachten, in denen begründete inhaltliche Zweifel an der Angemessenheit der eingesetzten Testverfahren bestehen können (etwa Gutachten, in denen als einziges psychometrisches Testverfahren ein mehrdimensionaler Persönlichkeitstest, wie z. B. das MMPI-2, eingesetzt wird), läge diese Zahl noch höher.

4.1.4 Methodenkritische Interpretation von Ergebnissen

Die Interpretation von Ergebnissen ist ein komplexer Urteilsprozess, für den eine Reihe von Qualitätskriterien formuliert wurden (DGPs, 2011, S. 11). Eines dieser Kriterien ist, dass die Ergebnisse in Bezug auf die psychologischen Fragen interpretiert werden müssen. Ein anderes Kriterium besagt, dass nur die für die Beantwortung der psychologischen Fragen relevanten Ergebnisse berücksichtigt werden sollen. Beide Kriterien sind in der vorliegenden Studie für einen Großteil der Gutachten nicht zu beurteilen. Erstens wurden nur in weniger als der Hälfte der Gutachten (bei 44,0 %) psychologische Fragen formuliert. Zweitens wurde nur für eine Minderheit der Gutachten spezifiziert, welche psychologischen Merkmale mit den angewendeten Verfahren überhaupt erfasst werden sollen. Somit ist – insbesondere im Hinblick auf die Dokumentation von diagnostischen Gesprächen und Verhaltensbeobachtungen – kaum zu beurteilen, welche Daten Ergebnisse im wissenschaftlichen Sinne darstellten. Dementsprechend kann für einen Großteil der Gutachten auch nicht (oder allenfalls eingeschränkt) beurteilt werden, ob und inwieweit Ergebnisse selektiv zur Interpretation herangezogen wurden. Im ungünstigsten Fall wurden aus den Gesprächen und den Beobachtungen selektiv allein diejenigen Eindrücke in der Befundung berücksichtigt, welche die subjektiven und vorher nicht explizierten Annahmen des Sachverständigen stützen.

Aufgrund dieser Ausgangslage bezieht sich die vorliegende Untersuchung daher auf ein Qualitätskriterium, welches unabdingbar für jede wissenschaftliche Interpretation von Untersuchungsergebnissen ist: die kritische Bewertung der Gültigkeit einzelner Ergebnisse aufgrund methodischer Einschränkungen (wenn bekannt oder zu erwarten ist, dass solche Einschränkungen vorliegen). Die oben berichteten Ergebnisse zur psychometrischen Qualität der in den vorliegenden Gutachten eingesetzten Datenerhebungsverfahren legen nahe, dass in über einem Drittel der Gutachten ($n = 41$, 35,3 %) die Datenerhebung ausschließlich über methodisch problematische Verfahren erfolgte (projektive Testverfahren und diagnostische Gespräche und Verhaltensbeobachtungen, für deren Planung und Durchführung – anders als fachlich gefordert – keine Hinweise auf eine zugrundeliegende Systematik berichtet werden). Bei diesen Gutachten wäre folglich nach psychologisch-diagnostischen Standards eine vorsichtige und methodenkritische Interpretation der Ergebnisse geboten.

Um zu prüfen, ob und inwieweit methodische Einschränkungen überhaupt bei der Befundung berücksichtigt wurden, wurde zunächst jedes Gutachten von den Beurteilern anhand der folgenden Fragen beurteilt:

Werden für die wesentlichen Ergebnisse aus Interviews methodenabhängige Einschränkungen benannt?

Werden für die wesentlichen Ergebnisse aus geplanten Verhaltensbeobachtungen methodenabhängige Einschränkungen benannt?

Werden für die wesentlichen Ergebnisse aus Tests methodenabhängige Einschränkungen benannt?

Werden Einschränkungen wesentlicher Ergebnisse durch die Durchführung berichtet (Instruktionsverständnis, Sprachprobleme)?

Die Beurteiler beantworteten diese Fragen für jedes Gutachten anhand der Alternativen „ja" oder „nein". Zudem bestand die Möglichkeit, zusätzliche Erläuterungen abzugeben, falls diese Alternativen zur Beurteilung ungeeignet erschienen.

Im Hinblick auf die diagnostischen Gespräche zeigen unsere vorangehenden Analysen, dass in 69,0 % der Gutachten weder aus der Verfahrensbeschreibung noch aus der Dokumentation der Verfahrensdurchführung hinreichend nachvollziehbar ist, dass es sich bei den Gesprächen um systematisch, geplante diagnostische Gespräche handelt. Nichtsdestotrotz ergab sich bei den Auswertungen zur Diskussion potenzieller methodischer Einschränkungen, dass in 115 (99,1 %) der 116 Gutachten keine methodenkritische Bewertung der Gültigkeit der aus dem Interview stammenden Ergebnisse vorgenommen wurde. Die vorangegangenen Auswertungen zeigen ebenso, dass in 91 (96,8 %) der 94 Gutachten, in denen geplante Verhaltensbeobachtungen eingesetzt wurden, weder aus der Verfahrensbeschreibung noch aus der Dokumentation hinreichend nachvollziehbar ist, dass es sich bei den dokumentierten Verhaltensbeobachtungen tatsächlich um systematische Verhaltensbeobachtungen im wissenschaftlichen Sinne handelt. Trotzdem wurde bei 93 (98,9 %) dieser 94 Gutachten keine methodenkritische Bewertung der Gültigkeit der aus den Beobachtungen stammenden Ergebnisse vorgenommen. Bei den Testverfahren ergibt sich ein vergleichbares Bild. In den 85 Gutachten, in denen der Einsatz von Tests (oder testähnlichen Verfahren) dokumentiert wurde, wurde in 75 Fällen (88,2 %) keine methodenkritische Bewertung der individuellen Gültigkeit der aus diesen Verfahren stammenden Ergebnisse vorgenommen. Berücksichtigt man ferner ausschließlich die Gutachten, die den Einsatz projektiver Verfahren dokumentieren (47 Gutachten), so stellt sich heraus, dass in nur 5 Gutachten (10,6 %) methodische Einschränkungen dieser Verfahren erwähnt werden, während dies bei den verbleibenden 42 Gutachten (89,4 %) nicht der Fall war (obwohl dies nach Stand der Forschung geboten wäre).

In 97 (83,6 %) der 116 Gutachten wurden zudem keinerlei Einschränkungen wesentlicher Ergebnisse durch die Durchführung (z. B. durch mangelndes Instruktionsverständnis oder Sprachprobleme) berichtet. Dies ist insofern überraschend, da es sich bei einem nicht unerheblichen Teil der Begutachteten um Personen handelt, bei denen Einschränkungen in der sprachlichen Kompetenz zumindest naheliegen (z. B. Nicht-Muttersprachlerinnen und -Muttersprachler, kleinere Kinder).

Zwischenfazit: Insgesamt werden in 91 (78,4 %) von 116 Gutachten überhaupt keine methoden- und/oder durchführungsbedingten Einschränkungen der Gültigkeit individueller Ergebnisse diskutiert, also weder für die diagnostischen Gespräche, noch für die Beobachtungen, noch für die Testverfahren. Eine Interpretation könnte sein, dass in diesen Fällen keine methodenbedingten Einschränkungen vorlagen. Diese Interpretation erscheint aber zumindest im Hinblick auf die 41 Gutachten, bei denen die Verfahren aus allen drei Kategorien (Interview, Beobachtung und Tests) nach fachlichen Standards als methodisch problematisch zu beurteilen sind, wenig überzeugend. Im Fall dieser Gutachten zeigte sich, dass in nur 2 Fällen auf mögliche methodische Einschränkungen der Ergebnisse hingewiesen wird. In den verbleibenden 39 Fällen finden sich hingegen keine Hinweise auf eine vorsichtige und methodenangemessene Einordnung der Ergebnisse. So werden in diesen Gutachten Ergebnisse aus projektiven Verfahren ohne Hinweise auf die bekannten Mängel in puncto Testgütekriterien als eine wesentliche Grundlage für die Beantwortung der gerichtlichen Fragestellung verwendet. In ähnlicher Weise werden punktuelle unsystematische Beobachtungen für Schlussfolgerungen auf relativ überdauernde Verhaltenstendenzen oder Merkmalsausprägungen herangezogen. Im ungünstigsten Fall bedeutet der Verzicht auf Bewertung von Einschränkungen, dass Ergebnisse, die mit fehleranfälligen Erhebungsmethoden unter ggf. ungünstigen Untersuchungsbedingungen gewonnen wurden, unkritisch in den Befund integriert werden.

4.1.5 Globalrating der wissenschaftlichen Fundierung

Die Arbeitsgruppe „Qualitätsstandards für psychodiagnostische Gutachten" hat im Rahmen ihrer Empfehlungen unabdingbare Qualitätsanforderungen für die wissenschaftliche Fundierung eines Gutachtens formuliert (DGPs, 2011, S. 6f). In einem abschließenden Teil des Kategoriensystems bewerten die Beurteiler jedes Gutachten im Hinblick auf fünf Fragen, die sich auf diese Qualitätsanforderungen bezogen (*ja* = 1, *nein* = 0). Die Ergebnisse der Beurteilung dieser Fragen sind in Tabelle 2 (folgende Seite) dargestellt. Wie zu sehen ist, kommen die Beurteiler in Bezug auf sämtliche Anforderungen zu dem Schluss, dass ein überwiegender Teil der Gutachten die empfohlenen Qualitätsanforderung nicht erfüllt.

Um zu überprüfen, wie viele Gutachten diese Anforderungen gar nicht, teilweise oder vollständig erfüllten, wurde ein Index für die Gesamteinschätzung gebildet, in dem für jedes Gutachten die Werte über die fünf Items summiert wurden (Cronbachs Alpha = .83). Die Indexwerte für die einzelnen Gutachten variierten somit zwischen 0 und 5. Dieser Index war substanziell mit der ungewichteten Summe der Einzelratings zu den Indikatoren der vier methodischen Prüfkriterien korreliert: (1) Herleitung psychologischer Fragen, (2) Begründung der Auswahl der Datenerhebungsverfahren, (3) psychometrische Qualität der Datenerhebungsverfahren, (4) Berücksichtigung methodischer Einschränkungen bei der Interpretation der Untersuchungsergebnisse ($r = .83, p < .001$). Dieser Befund bestätigt, dass die Beurteiler in ihrem abschließenden Urteil des Gutachtens tatsächlich ihre vorangegangenen Bewertungen zur Herleitung der psychologischen Fragen, der Begründung der Auswahl der Datenerhebungsverfahren, der psychometrischen Qualität der Datenerhebungsverfahren und der Berücksichtigung methodischer Einschränkungen berücksichtigten.

Die Häufigkeitsverteilung für den Qualitätsindex zeigte, dass 54,3 % der Gutachten nach Einschätzung der Beurteiler keine der unabdingbaren Qualitätsanforderungen erfüllten, 41,3 % der Gutachten erfüllten zwischen einer und vier Anforderungen und nur 5 % der Gutachten erfüllten alle Anforderungen. Parallele Analysen, in denen anstelle des Fünf-Item-Qualitätsindex, die Summe der Einzelratings zum methodischen Vorgehen verwendet wurde, lieferten ein vergleichbares Bild.

Tabelle 2: Globalratings der wissenschaftlichen Fundierung (n = 116)

Item	ja	nein
Wird das gutachterliche Vorgehen hinreichend theoretisch und methodisch begründet?	27,6 %	72,4 %
Werden hinreichend psychologische Fragen formuliert, die anhand geeigneter diagnostischer Daten überprüfbar sind?	40,5 %	59,5 %
Wird die Auswahl von Verfahren zur Prüfung der Fragen hinreichend wissenschaftlich begründet?	7,8 %	92,2 %
Werden hinreichend Entscheidungskriterien für die Beantwortung der psychologischen Fragen festgelegt?	28,4 %	71,6 %
Werden Schlussfolgerungen unter hinreichender Beachtung wissenschaftlicher und methodischer Standards abgeleitet?	25,0 %	75,0 %

Um zu prüfen, ob dieses Ergebnis möglicherweise dadurch entstand, dass besonders viele der einbezogenen Gutachten von wenigen nicht sachgemäß arbeitenden Sachverständigen erstellt worden waren, wurden die Analysen auf der Ebene von Gutachten auf der Ebene der 40 unterschiedlichen Sachverständigen repliziert. Für diese Analysen wurden für Sachverständige, die mehr als ein Gutachten erstellt hatten, Mittelwerte für die Gesamtzahl der von ihnen verfassten Gutachten verwendet. Diese Analysen liefern ein vergleichbares Ergebnismuster. Somit kann ausgeschlossen werden, dass einige wenige Sachverständige überproportional viele und schlechte Gutachten verfassten. Die Häufigkeitsverteilung für den Qualitätsindexes zeigte, dass 32,5 % der Sachverständigen nach Einschätzung der Beurteilerinnen und Beurteiler keine der unabdingbaren Qualitätsanforderungen erfüllten, 62,5 % der Sachverständigen erfüllten zwischen einer und vier Anforderungen und nur 5 % der Sachverständigen erfüllten alle Anforderungen. Hervorzuheben ist hier, dass Gutachten, die vier oder fünf der fünf genannten unabdingbaren Qualitätskriterien erfüllten, insgesamt von vier Sachverständigen erstattet wurden.

4.1.6 Zusätzliche Analysen: Qualifikationsmerkmale des Sachverständigen

Wie weiter oben dargelegt, sollten rechtspsychologische Sachverständige nach Ansicht psychologischer Fachverbände Qualifikationsmerkmale aufweisen, die über einen Diplom- oder Masterabschluss in Psychologie hinausgehen. In einer Reihe von einfaktoriellen Varianzanalysen mit dem Gesamteinschätzungsindex als abhängiger Variable wurde daher abschließend exploriert, ob die Qualität der Gutachten systematisch mit Qualifikationsmerkmalen der Sachverständigen variierte. Diese Analysen zeigten, dass Gutachten, die von Sachverständigen mit einer Zertifizierung zum Fachpsychologen für Rechtspsychologie BDP/DGPs verfasst wurden ($N = 30$, $M = 2.50$, $SD = 1.72$), eine signifikant höhere Qualität aufwiesen als Gutachten von Sachverständigen ohne diese Zusatzqualifikation ($N = 86$, $M = 0.87$, $SD = 1.39$), $F(1, 114) = 26.98$, $p < .001$, $\eta = .191$). Diese 30 qualitativ höherwertigen Gutachten wurden von 10 unterschiedlichen Psychologinnen und Psychologen mit der zertifizierten Weiterbildung für Rechtspsychologie BDP / DGPs erstattet. Gutachten von Sachverständigen mit einer Approbation als Psychologischer Psychotherapeut ($N = 41$, $M = 1.22$, $SD = 1.75$) unterschieden sich hingegen nicht von Gutachten, die von Sachverständigen ohne diese Qualifikation verfasst worden waren ($N = 75$, $M = 1.33$, $SD = 1.58$), $F(1, 114) = .12$, ns., $\eta < .01$).

4.1.7 Fazit: Qualität des (dokumentierten) diagnostischen Prozesses

Zusammengefasst bestehen in Bezug auf alle untersuchten methodischen Qualitätsmerkmale deutliche Defizite: In gut der Hälfte der Gutachten wurden aus der gerichtlichen Fragestellung keine psychologischen Fragen hergeleitet. In diesen Fällen begann das Gutachten typischerweise mit der Nennung der gerichtlichen Fragestellung und einer Darstellung der Vorgeschichte, meistens gefolgt von einer Beschreibung des Untersuchungsverlaufs und/oder der Durchführung einzelner diagnostischer Verfahren beziehungsweise deren Ergebnissen. In wiederum über der Hälfte der Gutachten mit psychologischen Fragen war – trotz eines vergleichsweise moderaten Prüfkriteriums (Verweis auf eine (!) wissenschaftliche Quelle oder theoretische Grundlage) – auch für geschulte Beurteiler nicht nachvollziehbar, ob bei ihrer Formulierung auf psychologische oder weitere wissenschaftliche Erkenntnisse Bezug genommen wurde. Werden keine psychologischen Fragen aus der gerichtlichen Fragestellung abgeleitet, fehlt die zentrale Grundlage einer wissenschaftlichen psychologischen Diagnostik (DGPs, 2011; Salzgeber, 2011; Westhoff & Kluck, 2014). Vor diesem Hintergrund dürften psychologische Gutachten ohne spezifizierte und angemessen begründete psychologische Fragen aus fachlicher Sicht für eine gerichtliche Entscheidungsfindung daher keine Berücksichtigung finden.

In der überwiegenden Zahl der Gutachten (85,5 %) war die Auswahl der eingesetzten diagnostischen Verfahren – anders als in der einschlägigen Literatur gefordert – nicht anhand der psychologischen Fragen begründet. Dieser hohe Wert kommt zum einen dadurch zustande, dass bereits in 56,0 % der Gutachten aus der gerichtlichen Fragestellung keine psychologischen Fragen hergeleitet wurden. Allerdings wurden auch in der Mehrzahl der Fälle, in denen psychologische Fragen formuliert wurden, die gewählten Untersuchungsmethoden nicht in transparenter Form mit diesen Fragen in Bezug gesetzt. In einem Großteil der Gutachten ist also nicht nachvollziehbar, ob und inwieweit für die Auswahl der Untersuchungsverfahren angemessene inhaltliche Kriterien eine Rolle gespielt haben oder ob die Auswahl der Verfahren in erster Linie auf der Basis individueller Präferenzen oder Routinen erfolgte.

Auch im Hinblick auf den Einsatz der diagnostischen Verfahren liefern unsere Daten ein überwiegend problematisches Bild. So ist bei mehr als zwei Dritteln der Gutachten nicht nachvollziehbar, ob es sich bei den dokumentierten Gesprächen um systematisch geplante diagnostische Interviews handelte. Tatsächlich bezog sich die Dokumentation der Interviews in diesen Fällen weitgehend auf subjektiv-verlaufsprotokollartige Schilderungen von Gesprächen der Sachverständigen mit einer Person (oder mehreren Personen gleichzeitig), in der eine Vielzahl von Gegebenheiten geschildert wurden, deren Relevanz für die Beantwortung der Fragestellung unklar blieb. Weiterhin war auch bei fast allen Gutachten, in denen geplante Verhaltensbeobachtungen eingesetzt wurden, nicht ersichtlich, dass es sich tatsächlich um Beobachtungen im wissenschaftlichen Sinne handelte. Es fanden sich hier anekdotische Schilderungen von selektiven Verhaltenssequenzen, die keine Rückschlüsse auf ein systematisches und auf die Reduktion von Beobachtungsfehlern ausgerichtetes Vorgehen zuließen. Bei den verwendeten Testverfahren ist vor allem der vergleichsweise häufige Einsatz von projektiven Verfahren augenfällig. Trotz der wissenschaftlichen Kritik an projektiven Verfahren wegen zumeist unzureichender Testgütekriterien wurden

Tests aus dieser Kategorie am häufigsten eingesetzte. Die durch sie gewonnenen Erkenntnisse erfüllen jedoch häufig nicht die Standards einer wissenschaftlich fundierten entscheidungsorientierten Einzelfalldiagnostik. Tatsächlich wird in der Literatur aufgrund des spekulativen Charakters vieler projektiver Verfahren sogar davon abgeraten, diese als Explorationshilfe zur Hypothesengenerierung zu verwenden (z. B. Petermann, 1997; siehe auch Leitner, 2000).

Bei 78,4 % der Gutachten wurden keinerlei methoden- und/oder durchführungsbedingte Einschränkungen der Gültigkeit individueller Ergebnisse diskutiert. Dies wird bei einem Teil der untersuchten Gutachten sicherlich darin begründet sein, dass keine Notwendigkeit für eine methodenkritische Bewertung der verwendeten Verfahren bestand. Bei den Gutachten, die Erhebungsverfahren verwendeten, deren psychometrische Qualität nach üblichen Standards allerdings als eingeschränkt zu bewerten ist (v. a. projektive Verfahren, unsystematische Verhaltensbeobachtung und unsystematische Interviews), ist eine Benennung potenzieller Einschränkungen der Datenqualität jedoch erforderlich (insbesondere, da auf der Grundlage der Daten oft weitreichende Empfehlungen abgeleitet werden).

Die Qualität des diagnostischen Prozesses und die Qualität des diagnostischen Urteils sind nicht voneinander unabhängig (z. B. Schmidt-Atzert & Amelang, 2012). Um dies zu demonstrieren, wenden wir uns nun vertiefenden inhaltlichen Analysen zur Diagnostik eines zentralen kindesbezogenen Kriteriums zur Beurteilung des Kindeswohls in den Gutachten zu: Der Bindung und ihrer Diagnostik.

4.2 Diagnostik der Bindung des Kindes an primäre Bezugspersonen

Die kindlichen Bindungen an primäre Bezugspersonen haben für die gerichtlichen Entscheidungen in familienrechtlichen Fragen eine hohe Bedeutung (Heiß & Castellanos, 2013; Gehrmann, 2008), da sie sowohl für die aktuellen Lebensbezüge von Kindern als auch für die weitere Persönlichkeitsentwicklung relevant sind. Eine sachgerechte Diagnostik von Bindung im Rahmen eines Begutachtungsprozesses ist daher eine wesentliche Voraussetzung für Entscheidungen, die dem Kindeswohl dienlich sind.

Die zentralen übergeordneten Qualitätskriterien psychologischer Diagnostik – Wissenschaftlichkeit, Transparenz und Nachvollziehbarkeit – müssen daher bei der Erhebung und Interpretation von Bindung maßgeblich und in der Dokumentation des gutachterlichen Vorgehens erkennbar sein. Wie bei anderen Kriterien des Kindeswohls besteht auch beim Bindungsbegriff die Problematik, dass dieser von unterschiedlichen Professionen in unterschiedlicher Weise verwendet wird, und diese Verwendung wiederum von dem alltagssprachlichen Gebrauch verschieden sein kann (vgl. 3.1.2.). Während aber zum Beispiel bei der Erziehungseignung als Kindeswohlkriterium auch innerhalb der Psychologie konkurrierende oder einander ergänzende Theorien existieren, ist der bis heute dominierende wissenschaftliche psychologische Ansatz zur Beschreibung und Erklärung von Bindung die Bindungstheorie und ihre konzeptionellen Weiterentwicklungen (z. B. Bartholomew & Horowitz, 1991; Bowlby, 1969/1982; Main, Solomon & Brazelton, 1986). Bindung wird dabei als die besondere Beziehung eines Kindes zu seinen Eltern oder Personen, die es beständig betreuen, verstanden (z. B. Grossmann & Grossmann, 2012). Es ist ein hypothetisches, also nicht direkt beobachtbares Konstrukt, das sich in spezifischen, organisierten Verhaltensweisen (z. B. Nähe suchen) und Gefühlen (z. B. Geborgenheit, aber auch Angst) manifestiert. Es werden vier Muster frühkindlicher Bindungsorganisation unterschieden (z. B. Ainsworth, Blehar, Waters & Wall, 1978): sichere Bindung, unsicher-vermeidende Bindung, unsicher-ambivalente Bindung sowie desorganisierte Bindung. Bei der Klassifizierung von Bindungsrepräsentationen im Jugend- und Erwachsenenalter werden die Kategorien sicher, ängstlich-vermeidend und ängstlich-ambivalent unterschieden (Main, Kaplan & Cassidy, 1985). Für die Diagnostik dieser Bindungsmuster wurden, vor allem im angloamerikanischen Raum, unterschiedliche und altersgruppenspezifische diagnostische Verfahren entwickelt (zur Übersicht z. B. Julius, Gasteiger-Klicpera & Kißgen, 2009).

4.2.1 Methodisches Vorgehen

Die Diagnostik von Bindung wurde an zwei Untergruppen der Gesamtgutachtenstichprobe ($N = 116$) analysiert. Die erste Gruppe umfasst diejenigen Gutachten ($n = 14$), für die im Beweisbeschluss explizit eine Bindungsdiagnostik angefordert wurde. Da bei einem dieser Gutachten Bindung im gesamten Gutachten nicht berücksichtigt wurde, gingen letztendlich $n = 13$ Gutachten in Gruppe 1 ein. Die zweite untersuchte Untergruppe von Gutachten ($n = 80$) umfasste diejenigen, bei denen im Befund Interpretationen zu Bindung formuliert wurden, ohne dass im Beweisbeschluss explizit eine Bindungsdiagnostik angefordert wurde. Bei dieser Gruppe von Gutachten wurde die Diagnostik von Bindung vom Gericht also nicht explizit beauftragt, von den Sachverständigen aber aufgrund der eigenen Expertise für die Beantwortung der gerichtlichen Fragestellung als notwendig erachtet. In Bezug auf beide Untergruppen ist fachlich zu erwarten, dass der diagnostische Prozess, der zu einer Aussage zur Bindung des Kindes im Befund führt, transparent und nachvollziehbar dokumentiert wird und zentrale Qualitätsmerkmale erfüllt. Allerdings ließe sich bei explizitem gerichtlichem Auftrag möglicherweise eine besondere Sorgfalt im Vorgehen und der Dokumentation erwarten.

Das Kategoriensystem zur vertiefenden Analyse der Qualität des in den Gutachten dokumentierten bindungsdiagnostischen Vorgehens adaptierte die Prüfkriterien des oben beschriebenen Kategoriensystems zur Analyse des in den Gutachten dokumentierten methodischen Vorgehens unter Bezugnahme auf die einschlägige Fachliteratur für den Kontext der Bindungsdiagnostik. Konkret wurde kodiert,

- ob psychologische Fragen zu Bindung formuliert werden,
- ob an irgendeiner Stelle des Gutachtens eine fachpsychologische Präzision des mehrdeutigen Bindungsbegriffs durch Bezug zur Bindungstheorie (oder einer wissenschaftlich einschlägigen Alternativtheorie) hergestellt wird,
- ob methodische und/oder inhaltliche Begründungen für die Auswahl von Verfahren zur Bindungsdiagnostik vorgelegt werden,
- mit welchen Arten von Verfahren die Bindung des Kindes an die primäre Bezugsperson diagnostiziert wird; hierbei wurden sechs Verfahrensarten unterschieden: unsystematische Explorationen (Interviews, diagnostische Gespräche) systematische Explorationen, unsystematische Beobachtungen, systematische Beobachtungen, unstandardisierte Testverfahren (Fragebogen), standardisierte Testverfahren (Fragebogen),
- ob im Ergebnisteil quantitative und/oder qualitative Daten zur Bindungsdiagnostik berichtet werden, und wenn ja, ob die Darstellung dieser Ergebnisse mit Bezugnahme auf die bindungstheoretische Klassifikation von Bindungsmustern/-repräsentationen (oder theoretische Alternativen) erfolgte,
- ob im Befund Interpretationen zur Bindung vorgenommen werden, und wenn ja, ob diese Interpretationen mit Bezugnahme auf die bindungstheoretische Klassifikation von Bindungsmustern/-repräsentationen (oder theoretische Alternativen) erfolgte.

Krippendorffs Alpha für die zur Analyse der Bindungsdiagnostik berichteten Kriterien betrug .82 (Teilstichprobe). Auch hier wurden divergierende Einschätzungen abschließend im Konsensverfahren aufgelöst.

4.2.2 Ergebnisse zur Bindungsdiagnostik

Tabelle 3 zeigt die Ergebnisse dieser Analysen für beide Untergruppen (Gruppe 1: $n = 13$ und Gruppe 2: $n = 80$) und eine aus beiden Untergruppen gebildete Stichprobe (Gesamtgruppe: $n = 93$).

Tabelle 3: Bindungsbezogenes diagnostisches Vorgehen bei Gutachten mit Auftrag zur Bindungsdiagnostik im Beweisbeschluss (n = 13), bei Gutachten mit Interpretationen zu Bindung im Befund, jedoch ohne Auftrag im Beweisbeschluss (n = 80), und bei der Gesamtgruppe dieser Gutachten (n = 93)

		Gutachten mit Auftrag zur Bindungsdiagnostik im Beweisbeschluss ($n = 13$)	Gutachten mit Interpretationen zu Bindung im Befund, jedoch ohne Auftrag im Beweisbeschluss ($n = 80$)	gesamt ($n = 93$)
		n (%)[a]	n (%)[b]	n (%)[c]
Theorie	Psychologische Fragen zu Bindung	6 (46,2 %)	31 (38,8 %)	37 (39,8 %)
	Bezugnahme auf Bindungstheorie	2 (15,4 %)	23 (28,8 %)	25 (26,9 %)
Verfahrensarten zur Bindungsdiagnostik	Methodische / inhaltliche Begründung für Verfahren zur Bindungsdiagnostik	0 / 0	0 / 4 (5,0 %)	0 / 4 (4,3 %)
	unsystematische Explorationen	1 (7,7 %)	13 (16,3 %)	14 (15,1 %)
	systematische Explorationen	0	6 (7,6 %)	6 (6,5 %)
	unsystematische Beobachtungen	0	7 (8,6 %)	7 (7,5 %)
	systematische Beobachtungen	0	0	0
	unstandardisierte Testverfahren	1 (7,7 %)	4 (5,0 %)	5 (5,4 %)
	standardisierte Testverfahren	1 (7,7 %)	2 (2,6 %)	3 (3,2 %)
Ergebnisse	Bericht bindungsbezogener Ergebnisse gesamt	3 (23,1 %)	45 (56,3 %)	48 (51,6 %)
	Klassifikation von Ergebnissen zu Bindung lt. Bindungstheorie[d]	1 (7,7 %)	5 (6,3 %)	6 (6,5 %)
Befund	Interpretation bindungsbezogener Ergebnisse gesamt	13 (100,0 %)	80 (100,0 %)	93 (100,0 %)
	Klassifikation von Interpretationen zu Bindung lt. Bindungstheorie	4 (30,8 %)	39 (48,9 %)	43 (46,2 %)

Anmerkungen. [a]Prozentangabe bezogen auf $n = 13$ Gutachten. [b]Prozentangabe bezogen auf $n = 80$ Gutachten. [c]Prozentangabe bezogen auf $n = 93$ Gutachten. [d]Klassifikation anhand der Bindungsmuster: sicher, unsicher-vermeidend, unsicher-ambivalent, desorganisiert

Da die Gesamtzahl der Gutachten, für die im Beweisbeschluss explizit eine Bindungsdiagnostik angefordert wurde, gering ist, sind statistische Vergleiche zwischen den beiden Untergruppen nicht sinnvoll. Allerdings wird mit Blick auf die Daten auch ohne eine statistische Absicherung deutlich, dass nicht davon ausgegangen werden kann, dass sich die Gutachten, für die im Beweisbeschluss gerichtlich explizit eine Bindungsdiagnostik angefordert wurde, qualitativ deutlich und positiv von der Vergleichsgruppe unterscheiden.

Hinsichtlich der theoretischen Einbettung und der Präzisierung des Bindungskonzepts in wissenschaftlich abgeleitete psychologische Fragen lässt sich feststellen, dass in jeweils weniger als einem Drittel der Gutachten fachpsychologische Präzisierungen des mehrdeutigen Bindungsbegriffs vorgenommen wurden. Psychologische Fragen zur Bindung wurden in deutlich weniger als der Hälfte der Gutachten formuliert. Dieses Ergebnis korrespondiert mit dem Analyseergebnis zu psychologischen Fragen insgesamt, dass über alle Gutachten und inhaltlichen Bereiche hinweg nur in 44 % explizite psychologische Fragen vorzufinden sind.

Von diesem Ergebnis nicht unabhängig ist das Resultat, dass methodische und/oder inhaltliche Begründungen für die Auswahl von Verfahren zur Bindungsdiagnostik fast nie vorgelegt wurden. Nur bei vier Gutachten von Gruppe 2 fanden sich solche Begründungen, die jeweils inhaltlicher Natur waren.

Bei den konkret eingesetzten Verfahren zur Bindungsdiagnostik fällt zum einen auf, dass insgesamt nur sehr selten präzisiert wurde, mit welchen Verfahren beziehungsweise Verfahrensarten Daten zur Bindung erhoben wurden. Bei Gruppe 1, also den Gutachten, bei denen eine Bindungsdiagnostik explizit angefordert wurde, gibt es für unsystematische Explorationen, unstandardisierte sowie standardisierte Testverfahren nur in jeweils einem Gutachten einen expliziten Hinweis darauf, dass diese Verfahren eingesetzt wurden, zu dem Einsatz der übrigen Verfahren finden sich überhaupt keine Angaben. Weiterhin wird deutlich, dass Verfahren zur Bindungsdiagnostik überwiegend dann spezifiziert wurden, wenn es sich bei diesen Verfahren um unsystematische und/oder unstandardisierte Erhebungsverfahren handelte. Insbesondere unsystematische Explorationen werden häufiger als alle anderen Verfahrensarten genutzt, um bindungsrelevante Informationen zu erheben. Demgegenüber werden systematische Beobachtungen wie etwa im Zusammenhang mit dem Fremde-Situationen-Test (Ainsworth & Bell, 1970) in den beiden Gutachtengruppen überhaupt nicht verwendet.

Im Ergebnisteil, also da, wo Ergebnisse formal berichtet werden müssen, wurden lediglich in etwa der Hälfte (bei der Gruppe mit explizit angeforderter Bindungsdiagnostik bei weniger als einem Viertel) der Gutachten überhaupt quantitative und/oder qualitative Daten zur Bindung berichtet, wobei die Darstellung dieser Ergebnisse nur in einem verschwindend geringen Teil der Gutachten mit Bezugnahme auf die bindungstheoretische Klassifikation von Bindungsmustern/-repräsentationen (oder theoretischen Alternativen) erfolgte.

Der Befund enthielt bei allen einbezogenen Gutachten Interpretationen zur Bindung. Die Gutachten der Gruppe 1 wurden dem gerichtlichen Auftrag in der Form gerecht, dass sie – auch bei fehlenden beziehungsweise nicht berichteten Informationen zu dem verwendeten Bindungsbegriff, den konkret eingesetzten Verfahren und den Ergebnissen – im Befund Interpretationen zu der Art und Ausprägung von Bindung im Einzelfall vornahmen. Bei den Gutachten der Gruppe 2 waren Angaben zur Bindung im Befund das Selektionskriterium, sodass hier das Vorliegen von Interpretationen in diesem Teil des Gutachtens zwangsläufig ist. Jedoch ist auch bei diesen Gutachten augenfällig, dass die Interpretationen nur in gut der Hälfte der Gutachten durch Ergebnisberichte gestützt wurden und insgesamt sehr wenige Informationen über die verwendeten Verfahren gegeben wurden. Weiterhin wurden die Interpretationen zur Bindung im Befund in weniger als der Hälfte der Gutachten auf die bindungstheoretische Klassifikation von Bindungsmustern/-repräsentationen (oder theoretische Alternativen) bezogen. Bei den übrigen Gutachten wurden Bindungsmuster und -qualitäten in wissenschaftlich uneindeutigen, mitunter auch diffusen Begriffen beschrieben, so zum Beispiel als „enge", „symbiotische", „persönliche", „natürlich gewachsene", „gut fundierte", „richtige" oder „ungetrübte" Bindung.

4.2.3 Fazit: Qualität der Bindungsdiagnostik

Wie oben bereits erläutert, ist dem Befund eines Gutachtens in der Rechtspraxis ein hoher Stellenwert zuzumessen, da er nicht selten vor anderen Teilen des Gutachtens (oder anstelle des kompletten Gutachtens) rezipiert wird (Zuschlag, 2002). Die Qualität des Befunds ist damit von besonderer Relevanz für die gerichtliche Entscheidungsfindung. Um zu demonstrieren, dass die Qualität eines Befunds nicht unabhängig von der Qualität des diagnostischen Vorgehens ist, haben wir in vertiefenden Analysen die Diagnostik eines zentralen kindesbezogenen Kriteriums zur Beurteilung des Kindeswohls in unserer Gutachtenstichprobe untersucht.

Die Ergebnisse lassen sich folgendermaßen zusammenfassen: Obwohl in allen 93 Gutachten im Befund Aussagen zur Bindung des Kindes an seine primären Bezugspersonen getroffen wurden, dokumentieren die Analysen für einen Großteil der Gutachten erhebliche Defizite bei der Nachvollziehbarkeit des zugrundliegenden diagnostischen Prozesses. Dies ist unabhängig davon zu konstatieren, ob für das Gutachten (Gruppe 1; $n = 13$) im Beweisbeschluss explizit eine Bindungsdiagnostik angefordert wurde oder die Diagnostik von Bindung vom Sachverständigen aufgrund der eigenen Expertise vorgenommen wurde (Gruppe 2; $n = 80$).

Drei Defizite sind besonders hervorzuheben: Zum Ersten bleibt in einem Großteil der Gutachten unklar, mit welchen Verfahren Bindung diagnostiziert wurde, da nur in einer Minderheit der Gutachten hierzu konkrete Angaben gemacht wurden. Eine Diagnostik nach Augenschein kann damit nicht ausgeschlossen werden. Zum Zweiten ist bei einem Großteil der Gutachten nicht nachvollziehbar, welche qualitativen oder quantitativen Daten die Interpretation zur Bindung begründeten, da nur in der Hälfte der Gutachten im Ergebnisteil qualitative und/oder quantitative Daten zur Bindung des Kindes berichtet wurden. Ein drittes gravierendes Defizit ist, dass in einem Großteil der Gutachten nicht einmal deutlich wird, was konkret diagnostiziert wurde. Dies liegt insbesondere daran, dass bei der Mehrzahl aller hier analysierten Gutachten nicht nachzuvollziehen ist, ob dem gutachterlichen Vorgehen ein Verständnis von Bindung im Sinne der psychologischen Bindungstheorie zugrunde lag. Was unter Bindung verstanden und folglich diagnostiziert wurde, bleibt damit in einem Großteil der Gutachten offen. Zwar wäre denkbar (wenn auch, aufgrund der Dominanz der „klassischen" Bindungstheorie, unwahrscheinlich), dass in einigen Gutachten ein theoretisch alternativer Bindungsbegriff zugrunde gelegt wurde. Für diese Interpretation finden sich in den Gutachten allerdings keinerlei entsprechende Hinweise (z. B. Literaturverweise u. ä.). Es kann daher nicht ausgeschlossen werden, dass Bindung in einem erheblichen Teil der Gutachten eher umgangssprachlich beziehungsweise im Sinne eines laientheoretischen Verständnisses verwendet wurde. Hierfür spricht auch die Unbestimmtheit der Begriffe, mit welchen die Bindung des Kindes an seine primäre Bezugsperson im Befund beschrieben wurde. In über der Hälfte der Gutachten wurden Begriffe verwendet, die keinerlei Bezug zu der psychologischen Bindungstheorie (oder theoretischen Alternativen) aufweisen. So stellt sich unmittelbar die Frage, was zum Beispiel unter einer „richtigen", einer „ungetrübten", einer „natürlich gewachsenen", einer „persönlichen" oder einer „engen, aber nicht zu engen" Bindung zu verstehen ist und welche empirisch abgesicherten Prognosen für das Kindeswohl aus einer derartig benannten Bindungsqualität abgeleitet werden sollen. Eine solche begriffliche Konfusion findet sich im Übrigen nicht nur in den Gutachten, die keine theoretische Einbettung des Bindungskonzepts vornehmen. Mit den eben genannten Beschreibungen der Bindungsqualität wird auch in den Gutachten operiert, die auf ein theoretisches Bindungskonzept Bezug nehmen, und selbst dann, wenn Klassifikationen der Bindungsqualität im Sinne der Bindungstheorie im Befund vorgenommen wurden. Betrachtet man diese Ergebnisse noch einmal insgesamt, so ist zu konstatieren, dass eine Mehrzahl der Gutachten weder die methodischen noch die theoretischen Standards erfüllt, die von einer wissenschaftlichen Diagnostik eines kardinalen Kindeswohlkriteriums verlangt werden. Nimmt man den dominierenden theoretischen Ansatz zur Beschreibung und Erklärung von Bindung (z. B. Bartholomew & Horowitz, 1991; Bowlby, 1969/1982; Main et al., 1986) und die daraus entwickelten diagnostischen Verfahren (z. B. Julius et al., 2009) als Maßstab, ist die Befundung von Bindung in einem Großteil der Gutachten absolut unzureichend.

5 Diskussion

5.1 Zusammenfassung der wesentlichen Ergebnisse

Die Resultate der Studie zeigen erhebliche methodische Einschränkungen der einbezogenen Gutachten in allen Schritten des diagnostischen Prozesses: In mehr als der Hälfte der Gutachten werden keine psychologischen Fragen formuliert, nur bei etwa 20 % finden sich Begründungen für die Auswahl der eingesetzten diagnostischen Verfahren, in einem Drittel erfolgt die Datenerhebung ausschließlich durch Verfahren mit fraglichen Gütekriterien (vor allem unsystematische Gespräche und Beobachtungen sowie projektive Verfahren), in weniger als einem Viertel der Gutachten werden kritische Bewertungen der psychometrischen Qualität der Erhebungsverfahren und damit der Aussagekraft der gewonnenen Daten vorgenommen. Trotzdem werden in den allermeisten Fällen weitreichende Aussagen über die diagnostizierten Personen gemacht und Prognosen abgegeben.

Die Ergebnisse der Analysen zur Qualität des dokumentierten diagnostischen Vorgehens im Allgemeinen und der Qualität der Bindungsdiagnostik im Besonderen konvergieren in mehrfacher Hinsicht und weisen auch bei der Bindungsdiagnostik auf eine Reihe von Mängeln hinsichtlich der Wissenschaftlichkeit im dokumentierten diagnostischen Prozess hin. Diese beziehen sich wiederum auf das überwiegende Fehlen psychologischer Fragen, durch die die gerichtlichen Fragestellungen des Beweisbeschlusses in mit psychologischen Mitteln bearbeitbare diagnostische Fragestellungen übersetzt wurden. Damit einhergehend ist bei dem größten Teil der Gutachten unklar, auf welche psychologisch fundierten Bindungskonzepte die Sachverständigen Bezug nahmen. Dies ist vor dem Hintergrund, dass es sich bei der Bindungstheorie um eine langjährig etablierte und einschlägige Theorie mit definierten Konzepten, Begriffen und Annahmen zu den zugrundeliegenden psychologischen Prozessen handelt, besonders augenfällig. Trotzdem ist bei dem größeren Teil der Gutachten, in denen Bindungsdiagnostik durchgeführt wurde, weder anhand von expliziten Verweisen auf die Bindungstheorie noch anhand der Wahl der Diagnoseinstrumente oder der Art der Ergebnisbeschreibung und -interpretation erkennbar, dass tatsächlich Bindung im psychologisch einschlägigen Sinn Gegenstand der Diagnostik war. Auch bei der Begründung der verwendeten Erhebungsinstrumente und ihrer Qualität finden sich allgemein und in Bezug auf die Bindungsdiagnostik ähnliche Defizite: zumeist ist nicht nachvollziehbar, warum welche Erhebungsinstrumente verwendet werden, und insgesamt dominieren unsystematische Explorationen und Beobachtungen mit zweifelhaften Testgütekriterien sowie unstandardisierte (d. h. projektive) Testverfahren.

In unserer untersuchten Stichprobe basierten weitreichende gutachterliche Empfehlungen hinsichtlich der Bindung auf den Ergebnissen aus projektiven („Test"-)Verfahren. In einem Fall verwendete die/der Sachverständige ausschließlich projektive Verfahren, u. a. den Schloss-Zeichen-Test (o. A., o. J.), um Aufschluss über die Bindung zu erlangen. Bei diesem Verfahren soll das Kind sein Traumhaus malen und die Personen benennen, die dort gemeinsam leben sollen. Das begutachtete Kleinkind malte ein Haustier und gab auf spätere Nachfrage an, dass in dem Haus noch weitere Kinder wohnen sollen. Die oder der Sachverständige interpretierte dies dahingehend, dass in der Bindungsrepräsentation des Kindes der versorgende Elternteil als sichere Basis kaum verankert sei. Die Sachverständigen verwendeten darüber hinaus zahlreiche scheinbar selbstentwickelte Verfahren (Bsp.: „Thermometertest", „Geburtstagstafel", „Familienszenarientest", „Test Einsame Insel", „Geschenktest"), denen durch die Bezeichnung des Wortes „Test" eine augenscheinliche Seriosität zugesprochen wird. Bei Leitner (2000) findet sich der Schloss-Zeichen-Test auf Rangplatz 7 der am häufigsten verwendeten Testverfahren. Auch Werst und Hemminger (1989) bemängeln solche selbstentwickelten Verfahren („Kapitänstest", S. 59). Dass solche obskuren selbstentwickelten Verfahren in der familienrechtlichen Begutachtungspraxis eingesetzt werden, scheint im Übrigen kein stichprobenspezifisches oder gar ein rein deutschsprachiges Problem zu sein. So fand Ireland (2012) in ihrer Analyse von 126 englischen Sachverständigengutachten bei den eingesetzten Methoden auch eine Reihe von offensichtlich selbstentwickelten und als „Test" präsentierten Untersuchungsverfahren (Bsp.: „Life Snake Test", „Buttons Test", „Time Machine", S. 18).

Anhand der Analyse der Bindungsdiagnostik zeigt sich sehr eindrücklich, dass ein methodisch sachgerechter diagnostischer Prozess eine notwendige Voraussetzung für ein tragfähiges inhaltliches diagnostisches Urteil ist. Denn auch in Gutachten, deren methodisch-wissenschaftliches Vorgehen insgesamt intransparent oder manifest mängelbehaftet ist, werden im Befund weitreichende Aussagen und Prognosen auf der Grundlage der vermeintlich diagnostizierten Bindungsqualität getroffen. Deren Tragfähigkeit und Relevanz ist im besten Fall schwierig zu beurteilen, im schlechtesten Fall sind die getroffenen Aussagen und Prognosen reine Spekulation. Bei den Erhebungsinstrumenten zur Bindungsdiagnostik ist jedoch insgesamt auch zu konstatieren, dass es vor allem im anglo-amerikanischen Bereich eine ganze Reihe von Arbeiten zur Methodenentwicklung und Validierung von Instrumenten zur Erfassung von Bindung bei Kindern, Jugendlichen und Erwachsenen gibt (z. B. Crowell & Treboux, 1995; Shmueli-Goetz, Target, Fonagy & Datta, 2008; van IJzendoorn, Vereijken, Bakermans-Kranenburg & Riksen-Walraven, 2004). Demgegenüber existiert im deutschsprachigen Raum bisher eine geringere Anzahl an validierten und einschlägig publizierten

Erhebungsverfahren. Hier besteht sicherlich Bedarf an entsprechenden Entwicklungen und Weiterentwicklungen. Trotzdem kann eine Bindungsdiagnostik anhand von unsystematischen Explorationen oder anhand anderer methodisch zweifelhafter Verfahren (wie etwa in der vorliegenden Stichprobe die Ableitung von Aussagen zur Bindung aus den Ergebnissen des MMPI-2, Hathaway, McKinley & Engel, 2000) keine Alternative darstellen. Und auch hier müssen die Befunde methodenkritisch interpretiert werden – dies ist allerdings in keinem der betroffenen Gutachten zu konstatieren.

Eine Interpretationsmöglichkeit der Ergebnisse zu den methodisch-inhaltlichen Qualitätsmerkmalen könnte darin bestehen, dass die festgestellten Mängel dadurch begründet sind, dass die Sachverständigen zwar die wesentlichen methodischen Standards kennen und befolgen, sie aber nicht dokumentieren. Tatsächlich weist jedoch die DGPs-Expertenkommission nachdrücklich darauf hin, dass die Qualität der schriftlichen Präsentation ein wesentliches Merkmal der Qualität eines psychologischen Gutachtens darstellt und eng verknüpft ist mit dem unabdingbaren Qualitätsmerkmal der wissenschaftlichen Fundierung des psychologisch-diagnostischen Vorgehens (DGPs, 2011). Transparenz und Nachvollziehbarkeit des diagnostischen Prozesses sind nur dann gewährleistet, wenn alle wesentlichen Informationen zum gutachterlichen Vorgehen im Gutachten eindeutig und in angemessener Ausführlichkeit schriftlich fixiert sind. Eine intransparente und nicht nachvollziehbare Darstellung stellt dementsprechend bereits unabhängig von den hier angelegten methodisch-inhaltlichen Kriterien eine deutliche Qualitätseinschränkung dar. Folglich wäre auch bei einer solchen Interpretation einer prinzipiell vorhandenen, aber nicht dokumentierten Expertise die Mehrzahl der Gutachten als nicht oder nur bedingt brauchbar zu bezeichnen. Darüber hinaus erscheint diese Interpretation (Defizite in der Dokumentation statt in der diagnostischen Qualität) aufgrund des in unserer Untersuchung gewählten methodischen Vorgehens unwahrscheinlich. Tatsächlich lässt sich unser Vorgehen in der Untersuchung als eine eher wohlwollende Prüfung des methodischen Vorgehens bezeichnen: Bereits jeder Ansatz eines systematischen Vorgehens in der Methodik allgemein oder bei der Bindungsdiagnostik wurde bei den Ratings erfasst (z. B. die Kodierung eines diagnostischen Gesprächs als systematisch, wenn die Darstellung der Gesprächsergebnisse im Gutachten thematisch organisiert war). Daher wäre das Vorliegen einer zugrundeliegenden stringenten Methodik mit dem von uns verwendeten Kategoriensystem auch im Fall einer ungenauen Darstellung aufgedeckt worden.

Die Resultate unserer Studie sind darüber hinaus aus (berufs-)ethischer Sicht alarmierend. Begutachtet werden fast immer strittige Familienkonstellationen, und durchweg sind Kinder involviert, über deren weiteres Leben gerichtliche Entscheidungen gefällt werden, an deren Zustandekommen die familienrechtspsychologischen Gutachten im Regelfall einen wesentlichen Anteil haben. In den Fällen, die den untersuchten Gutachten zugrunde lagen, handelt es sich dabei nicht selten um Kinder, deren Wohl durch ihre Lebensumstände bereits akut gefährdet wurde (Vernachlässigung, sexueller Missbrauch, Beziehungsabbrüche u. a.). Vor diesem Hintergrund muss höchste Sachkunde beim diagnostischen Vorgehen insgesamt und vor allem auch bei der Diagnostik von Bindung als kardinalem Kindeswohlkriterium erwartet werden.

5.2 Potenzielle Einschränkungen

Bei jeder empirischen Arbeit müssen mögliche Einschränkungen reflektiert werden, die die Aussagekraft der gewonnenen Erkenntnisse einschränken könnten. Bei der vorliegenden Studie gibt es besonders zwei Bereiche, die im Zusammenhang mit potenziellen Limitationen diskutiert werden sollten: Die Angemessenheit der verwendeten Prüfkriterien für den untersuchten Gegenstandsbereich und die Frage der Generalisierbarkeit der Resultate.

5.2.1 Angemessenheit der verwendeten Prüfkriterien

Bei dem gewählten Vorgehen handelt es sich um einen non-reaktiven Forschungszugang, da der Beobachtungsgegenstand nicht durch die Beobachtung verändert werden kann (Bortz & Döring, 2006). Anders als bei einer Befragung von Sachverständigen, bei der durch die Inhalte der Fragen mögliche Standards transportiert werden könnten, die Einfluss auf das Antwortverhalten nehmen, bleiben die Inhalte der untersuchten Gutachten unverändert. Um Antworten auf die Forschungsfragen zu erhalten und tragfähige Daten zu gewinnen, ist die Güte der verwendeten Prüfkriterien von höchster Relevanz. Die Reliabilität des in der Studie angewendeten Kategoriensystems konnte durch die Höhe der Übereinstimmung zwischen unabhängigen Ratings durch verschiedene geschulte Rater bestätigt werden, die bei der Analyse des in den Gutachten dokumentierten methodischen Vorgehens .72 und bei der Analyse der Bindungsdiagnostik .82 (jeweils Krippendorffs Alpha) betrug und somit zufriedenstellend bis gut ist (Krippendorff, 2010). Die Reliabilität des Erhebungsinstruments ist eine notwendige Voraussetzung für dessen inhaltliche Gültigkeit, die wiederum voraussetzt, dass das Kategoriensystem nur solche Kategorien enthält, die den Untersuchungsgegenstand angemessen repräsentieren. Dies lässt sich nicht numerisch abbilden, sondern anhand der Wissenschaftlichkeit und Transparenz der Ableitung der Kategorien begründen. Diese wurden aus den berufsständisch verbindlichen Richtlinien zur Erstellung von psychologischen Gutachten (siehe Föderation Deutscher Psychologenvereinigungen,

1994) und den Empfehlungen der Expertenkommission (DGPs, 2011) abgeleitet. Sie spiegeln auch den zum Zeitpunkt der Erstellung der untersuchten Gutachten in einschlägigen familienrechtspsychologischen Standardwerken publizierten Wissenstand wider (z. B. Salzgeber, 2011; Westhoff & Kluck, 2008). Sie finden sich dementsprechend ebenso in Checklisten zur Beurteilung familienrechtspsychologischer Gutachten, die sich ebenfalls an Fachfremde richten (z. B. Baumgärtel, 2009; Westhoff & Kluck, 2008).

In allen einschlägigen Richtlinien und Empfehlungen sowie in der diagnostischen Standardliteratur (auch z. B. Schmidt-Atzert & Amelang, 2012) werden der diagnostische Prozess und seine ausdifferenzierten Schritte als universell für das gutachterliche Vorgehen beschrieben. Daher ist es folgerichtig, auch für die Beurteilung der Qualitätsmerkmale familienrechtspsychologischer Gutachten diejenigen Kriterien heranzuziehen, die für psychologische Gutachten im Allgemeinen gültig sind und sich an den Schritten des diagnostischen Prozesses orientieren. Auch für die Arbeit von familienrechtspsychologischen Sachverständigen muss gelten, dass sie in ihren Gutachten a) vor der Präsentation von Daten zu Personen- und Systemmerkmalen darlegen, welche psychologischen Fragen diese Daten beantworten sollen (und warum diese Fragen aus fachlich psychologischer Sicht für die Beantwortung der gerichtlichen Fragen relevant sind), b) die Wahl der Datenerhebungsverfahren mit Blick auf die psychologischen Fragen begründen, c) belegen, dass die gewählten Datenerhebungsverfahren dem aktuellen wissenschaftlichen Kenntnisstand entsprechen, und d) so hier praxisbedingte Einschränkungen vorliegen, diese auch zu benennen und bei der Interpretation der Ergebnisse zu berücksichtigen. Diese Anforderungen sind unabdingbar (DGPs, 2011), denn ohne Erfüllung dieser Kriterien sind Gutachten auch inhaltlich nicht nachvollziehbar: Wenn erst gar nicht dargelegt wird, welche psychologischen Fragen eigentlich beantwortet werden sollen, kann auch nicht nachvollzogen werden, ob die gegebenen Antworten und Empfehlungen fachlich angemessen sind.

Familienrechtspsychologische Gutachten müssen somit allen universellen Qualitätsanforderungen an psychologische Gutachten genügen, und dementsprechend wurden in unserer Studie diese Qualitätskriterien bei der Beurteilung der untersuchten Gutachtenstichprobe herangezogen. Trotzdem ist die Frage zu stellen, ob es eventuell spezifische Merkmale von familienrechtspsychologischen Gutachten gibt, die andere oder weitere Kriterien bei der Einschätzung ihrer Qualität erfordern würden. Dazu ist zunächst zu konstatieren, dass es von keinem Fachverband oder anderen Quellen, zum Beispiel von familienrechtspsychologischen Sachverständigen, umfassende und begründete Beschreibungen von Spezifika der familienrechtspsychologischen Begutachtung gibt, aus denen sich andere Qualitätskriterien als die allgemeingültigen für die Bewertung familienrechtspsychologischer Gutachten ableiten ließen. Allerdings hat der Gesetzgeber in § 163 Abs. 2 des Gesetzes über das Verfahren in Familiensachen und in den Angelegenheiten der freiwilligen Gerichtsbarkeit (FamFG) eine Spezifizierung des Gutachtenauftrags dergestalt vorgenommen, dass das Gericht anordnen kann, dass Sachverständige auf die Herstellung von Einvernehmen zwischen den Beteiligten hinwirken sollen. Daraus könnte der Schluss gezogen werden, dass familienrechtspsychologische Gutachten weniger zur Statusdiagnostik dienen, sondern vielmehr lösungsorientiert angelegt werden sollten. Dieser Ansatz wird von einer Gruppe von Sachverständigen vertreten (z. B. Jopt & Behrend, 2006). Allerdings ist dabei anzumerken, dass der lösungsorientierte Ansatz fachlich umstritten ist. Insbesondere über die Inhalte, Möglichkeiten und Grenzen einer lösungsorientierten Begutachtung besteht kein Konsens (Salzgeber, 2009). Auch eine Spezifizierung der notwendigen Qualitätsmerkmale bei dieser Art von Begutachtung und daran anknüpfend eine systematisch-empirische Untersuchung der Qualität lösungsorientierter Gutachten wurde bisher nicht vorgelegt (siehe Salzgeber, Bergau & Fichtner, 2011, S. 185). Im Hinblick auf den Stellenwert einer wissenschaftlichen Diagnostik muss auch im Hinwirken auf Einvernehmen und Lösungen „…zunächst die familiale Problem- und Konfliktlage im Rahmen eines vorangestellten umfassenden diagnostischen Erkenntnisprozesses erfasst werden […] (ähnlich wie vor der Aufnahme einer Mediation, psychologischen Beratung, Paar-, Familientherapie und Psychotherapie)." (Balloff & Wagner, 2010, S. 41). Dieser diagnostische Prozess muss – wie jeder andere wissenschaftlich geleitete Prozess – nachvollziehbar, kriteriengeleitet und überprüfbar sein (Bein, Friedrich, Klicpera & Völkl-Kernstock, 2008). Unabhängig von diesen grundsätzlichen Erwägungen wäre die Anwendung von anderen als den von uns herangezogenen Kriterien (so es sie denn gäbe) bei den untersuchten Gutachten nicht angemessen gewesen. Tatsächlich ist in nur einem der 116 uns vorliegenden Beweisbeschlüsse zur Gutachtenbeauftragung eine Anordnung im Sinne § 163 Abs. 2 FamFG enthalten, der zufolge der Sachverständige bei der Erfüllung des Gutachtenauftrags auch auf Herstellung des Einvernehmens zwischen den Beteiligten hinwirken soll. Allerdings wurde auch in diesem Gutachten eine entscheidungsorientierte gerichtliche Fragestellung formuliert, die mit einer eigenen Datenerhebung (inkl. Persönlichkeitsstrukturtests) beantwortet wurde. In allen anderen Beweisbeschlüssen wurde ausschließlich der Auftrag formuliert, eine Sachverständigenempfehlung zu möglichen Entscheidungsalternativen abzugeben. Auch aus dem in den Gutachten dargestellten Vorgehen der Sachverständigen ist nicht erkennbar, dass die Sachverständigen primär das Ziel verfolgten, Einvernehmlichkeit zwischen Beteiligten herzustellen. So wurden in 9 Gutachten gemeinsame Gespräche unter Beteiligung der Sachverständigen und der Konfliktparteien berichtet – allerdings diente auch hier, wie aus der Befundung hervorgeht, das Gespräch der Diagnostik von Personen- und Beziehungsmerkmalen. In allen Gutachten unserer Stichprobe stand damit die status- oder entscheidungsorientierte Begutachtung im Zentrum.

Insgesamt führt dies zu der Schlussfolgerung, dass die von uns verwendeten Prüfkriterien die derzeit einzig verfügbaren und fachlich (weitgehend) geteilten Qualitätsmerkmale familienrechtspsychologischer Begutachtung abbilden. Dies schließt nicht aus, dass zukünftige Forschungsbemühungen zu der Formulierung von Kriterien führen, die bestimmte Merkmale gerade der familienrechtspsychologischen Begutachtung, die etwa mit der hohen Komplexität des Begutachtungsgegenstandes zusammenhängen, genauer erfassen.

5.2.2 Generalisierbarkeit der Ergebnisse

Eine weitere wesentliche potenzielle Einschränkung der Aussagekraft der gewonnenen Ergebnisse betrifft die Frage, in welchem Ausmaß die Resultate für familienrechtspsychologische Gutachten im Allgemeinen Gültigkeit besitzen. Hierbei sind vor allem die Repräsentativität der Ergebnisse und die Vereinbarkeit der Ergebnisse mit anderen Studien zum gleichen Gegenstand zu diskutieren.

Frühere Untersuchungen zur Gutachtenqualität haben die Gutachten für ihre Analysen dadurch gewonnen, dass Gerichte (oder Verfahrensbeteiligte) von ihnen selbst ausgewählte Gutachten zur Prüfung eingesendeten (Klüber, 1998; Leitner, 2000; Terlinden-Arzt, 1998; Werst & Hemminger, 1989). Ein Problem an dieser Rekrutierungsprozedur besteht darin, dass unklar ist, wie repräsentativ die eingesendeten Gutachten für die Grundgesamtheit der an den jeweiligen Gerichten verfügbaren Gutachten sind. Um diese Einschränkung zu überwinden, haben wir sämtliche zum Zeitpunkt der Datenerfassung abgeschlossenen familienrechtspsychologischen Gutachten der Jahrgänge 2010 und 2011 an vier Amtsgerichten erfasst. Da es sich damit um Vollerhebungen an den Gerichten handelte, kann ausgeschlossen werden, dass nur Gutachten in die Auswertung eingingen, die von den Gerichten selbst vorbewertet wurden. Die Stichproben sind damit für diese vier Amtsgerichte repräsentativ. Wir haben vom Justizministerium NRW allerdings auch keinerlei Informationen erhalten, dass die von uns untersuchten Gerichte sich in Bezug auf die von ihnen beauftragten Familienrechtsgutachten von anderen Gerichten unterscheiden. Inwieweit die Resultate der Studie für die Qualitätsmerkmale von familienpsychologischen Gutachten an allen Amtsgerichten in Deutschland repräsentativ sind, könnte jedoch nur anhand weiterer umfangreicher systematischer Prüfungen erfasst werden. Da der Begriff Repräsentativität sich auf das Verhältnis einer Stichprobe zu einer definierten Grundgesamtheit bezieht, wäre es für belastbare Aussagen hinsichtlich der Repräsentativität zunächst erforderlich festzustellen, wie viele familienrechtspsychologische Gutachten in Deutschland tatsächlich jährlich beauftragt und erstattet werden. Aktuell gibt es dazu ausschließlich Daten, die auf Hochrechnungen auf der Basis von familienrechtlichen Verfahren basieren; das Bundesministerium für Justiz und Verbraucherschutz nennt in diesem Zusammenhang eine Schätzung von jährlich 270 000 FamFG-Gutachten.

Wissenschaft ist ein kumulativer Prozess; jede neue Studie baut auf dem vorangehenden Erkenntnisstand auf. Um den Erkenntnisgewinn einzuschätzen, sind die Ergebnisse unserer Studie daher mit früheren Befunden in Bezug zu setzen. Durch diesen Prozess lassen sich dann auch weitere Schlussfolgerungen und Bewertungen ableiten.

Tabelle 4: Ergebnisse der Untersuchungen zur Qualität von familienrechtspsychologischen Gutachten

	Wissenschaftliche Fundierung	Datenerhebung und Dokumentation von Untersuchungsergebnissen	Interpretation und Wertung von Ergebnissen
Werst & Hemminger 1989	In 80 % der Gutachten keine Hinweise dazu, mit welcher theoretischen oder methodischen Begründung Untersuchungsschritte durchgeführt wurden (S. 94). Die Begriffe Bindung und Erziehungsfähigkeit wurden theoriearm und allgemeinsprachlich verwendet (S. 99; S. 111).	Datenbasis häufig nicht vollständig nachvollziehbar und damit nicht überprüfbar. Anteil nicht nachvollziehbar dokumentierter Beobachtungen von 75 %. Einsatz von überwiegend projektiven Verfahren mit unzureichender Dokumentation (S. 57f.). Selbstentwickelte „Test"-Verfahren wie bspw. den „Kapitänstest" (S. 59).	Entwicklungspsychologische Argumente werden nicht im Rahmen einer dezidierten Theorie, sondern im Rahmen einer „Alltagspsychologie" formuliert. In ca. 80 % der Gutachten erfolgte keine Trennung von Ergebnisbericht und Interpretation/Befund (S. 95).

	Wissenschaftliche Fundierung	Datenerhebung und Dokumentation von Untersuchungsergebnissen	Interpretation und Wertung von Ergebnissen
Klüber, 1998; Terlinden-Arzt, 1998	In 73 % der Gutachten wurden aus der gerichtlichen Fragestellung keine psychologischen Fragen abgeleitet (T-A[2], S. 152). Zentrale Kriterien wurden nicht hinreichend wissenschaftlich expliziert (T-A, S. 166). In 18 % der Gutachten umgangssprachliche Verwendung des Bindungsbegriffs (T-A, S. 166).	In weniger als der Hälfte der Gutachten folgt die Darstellung der Gesprächsergebnisse einer chronologischen oder thematisch-inhaltlichen Struktur (K[1], S. 126). Verhaltensbeobachtungen als eigenständige Untersuchungsverfahren in 36 %, in 64 % unsystematische Beobachtungen. Am häufigsten verwendetes Testverfahren sind (problematische) Persönlichkeitstests. Bei Kindern kamen am häufigsten projektive Verfahren zum Einsatz (T-A, S. 72).	Vermischung von Darstellung der Ergebnisse und deren Interpretation in einem Großteil der Gutachten (K, S. 125, S. 172). In einem Großteil der Gutachten nicht nachvollziehbar, aufgrund welcher theoretischen Annahme die Einzelergebnisse gewichtet wurden.
Leitner, 2000	Sehr selten wurde explizit thematisiert, auf welches wissenschaftliche Paradigma sich die Sachverständigen stützten. Nur in Ausnahmefällen wissenschaftlicher Theoriebezug mit Quellenangaben (S. 58).	In Explorationen kein systematisches Vorgehen erkennbar (S. 58). In keinem der Gutachten fand sich eine systematische (wissenschaftliche) Verhaltensbeobachtung (S. 58). Der überwiegende Teil der Testverfahren erfüllte die Hauptgütekriterien nicht.	K.A.
Leitner, 2013	Verwendete Fachliteratur war in vielen Fällen nicht aktuell (S. 73).	Systematische Beobachtungsmethoden kamen nur in den wenigsten Fällen zum Einsatz.	K.A.

	Wissenschaftliche Fundierung	Datenerhebung und Dokumentation von Untersuchungsergebnissen	Interpretation und Wertung von Ergebnissen
		Die am häufigsten eingesetzten Testverfahren erfüllten die Hauptgütekriterien nicht.	
Salewski, Stürmer, Meyer & Meyer, 2015	In 56 % der Gutachten wurden aus der gerichtlichen Fragestellung keine psychologischen Fragen abgeleitet. In 80 % der Gutachten finden sich keine Begründungen für die Auswahl der eingesetzten diagnostischen Verfahren. In einem Großteil der Gutachten bleibt es unklar, auf welche psychologisch fundierten Bindungskonzepte die Sachverständigen Bezug nehmen.	In über 35 % der Gutachten erfolgte die Datenerhebung ausschließlich durch Verfahren mit fraglichen Gütekriterien. In über 72 % der Gutachten war anhand der Dokumentation des Interviews nicht erkennbar, mit welcher Zielsetzung das Gespräch geführt wurde. Am häufigsten wurden projektive Verfahren eingesetzt. Zahlreiche Varianten von Satzergänzungs- oder Geschichtenergänzungsverfahren wurden als Testverfahren benannt.	Für einen Großteil der Gutachten kann nicht beurteilt werden, ob und inwieweit Ergebnisse selektiv zur Interpretation herangezogen wurden. In über 78 % der Gutachten gibt es keinerlei methoden- und/oder durchführungsbedingte Einschränkungen der Gültigkeit von Ergebnissen. In über der Hälfte der Gutachten wurden Bindungsmuster und -qualitäten in wissenschaftlich uneindeutigen, mitunter diffusen Begriffen beschrieben.

Anmerkungen. [1]K indiziert als Quelle Klüber (1998); [2]T-A indiziert als Quelle Terlinden-Arzt (1998)

Vor dem Hintergrund des Selbstverständnisses der Psychologie als empirische Wissenschaft haben wir allerdings mit Erstaunen zur Kenntnis genommen, wie wenig empirische Untersuchungen zur Qualität von familienrechtspsychologischen Gutachten in Deutschland in den vergangenen 30 Jahren durchgeführt wurden. Die wenigen Untersuchungen, die es im familienrechtspsychologischen Kontext gibt, haben sämtlich gravierende Qualitätsmängel in einem erheblichen Teil der jeweils untersuchten Gutachten aufgedeckt. Wie aus Tabelle 4 hervorgeht, sieht man im Hinblick auf die Verbreitung von Qualitätsmängeln große Ähnlichkeiten – und dies über eine Zeitraum von über 30 Jahren hinweg. Alle größeren Studien konstatieren gravierende Einschränkungen in der wissenschaftlichen Fundierung, der Datenerhebung und Dokumentation von Untersuchungsergebnissen sowie deren Interpretation und Wertung in einem erheblichen Teil der jeweils untersuchten Gutachten.

Gravierende Qualitätsdefizite in einer erheblichen Anzahl familienrechtspsychologischer Gutachten wurden im Übrigen nicht ausschließlich in Deutschland festgestellt. Eine ähnlich wie unsere Studie konzipierte systematische Untersuchung in England (Ireland, 2012) und eher kommentierende Publikationen in den USA (Martindale, 2007) und in Australien (Wilmoth, 2007) weisen ebenfalls ein hohes Maß an Übereinstimmung mit den in Deutschland identifizierten Mängeln auf.

Zusammengefasst liefert die Hagener Gutachtenstudie damit in vielen Aspekten ein Bild wie vorangehende und unabhängige Untersuchungen. Das Fazit unserer Studie wurde darüber hinaus auch von der vom Justizministerium NRW 2014 angehörten Vorsitzenden der Familiensenate der OLG Düsseldorf, Köln und Hamm überwiegend geteilt, was durchaus – mit der gebotenen Vorsicht – im Sinne einer Expertenvalidierung interpretiert werden kann.

Dass auch von anderen Seiten Zweifel an der Qualität der Gutachten geäußert werden, geht im Übrigen ebenso aus neueren Befragungen von Verfahrensbeteiligten hervor. So ergab eine Befragung der Universität Tübingen von getrennt lebenden Elternteilen aus dem gesamten Bundesgebiet im Jahr 2012, dass von 543 Elternteilen insgesamt 56 % angaben, der psychologische Sachverständige habe die Lebenssituation des involvierten Kindes kaum oder überhaupt nicht verstanden bzw. er nachweislich ein Falschgutachten erstellt habe (Dürr & Dürr-Aguilar, 2012). Die „prekäre Balance" (Boehme-Neßler, 2014, S. 189) im Abhängigkeitsverhältnis von Richterschaft und Sachverständigen (und potenzielle Konsequenzen für die Gutachtenqualität) sind ebenfalls wiederkehrend Gegenstand kritischer Betrachtungen (zu aktuellen Beiträgen s. Boehme-Neßler, 2014; Jordan & Gresser, 2014). Angesichts dieser Kumulation von Befunden erscheint es naheliegend, dass auch bei den familienpsychologischen Gutachten an anderen Amtsgerichten für den untersuchten Zeitraum eine nicht akzeptable Zahl von Gutachten mit schwerwiegenden methodischen Mängeln vorhanden sein dürfte.

5.3 Rezeption

Ein wesentliches Erkenntnisinteresse, das uns zu der Durchführung der Studie motivierte, war die Beantwortung der Frage, ob es sich bei den in der Öffentlichkeit und vor allem in den Medien diskutierten mangelhaften familienrechtspsychologischen Gutachten um Einzelfälle handelte, die eine besonders große Aufmerksamkeit erfuhren, oder ob vielmehr ein grundlegender Missstand in diesem Bereich vorliegt. Die erste internetbasierte Veröffentlichung der Ergebnisse in Form eines Projektberichts auf unseren Internetseiten erfolgte zeitgleich mit einer intensiven Befassung mit der Thematik durch die Politik, da die Verbesserung der Qualität vor allem von familienrechtspsychologischen Gutachten Teil des Koalitionsvertrages für die 18. Legislaturperiode ist.

Wie bereits festgestellt, offenbaren die Ergebnisse unserer Studie gravierende Mängel in einem substanziellen Teil der untersuchten Gutachten. Durch diesen Befund alarmiert haben wir die Ergebnisse zunächst mit Fachvertretern der psychologischen Berufsverbände und ausgewiesenen Experten im Bereich der familienrechtspsychologischen Begutachtung mit Blick auf mögliche Einschränkungen der Aussagekraft der Resultate diskutiert. Anschließend haben wir den Untersuchungsbericht zur Studie dem Vorstand der Deutschen Gesellschaft für Psychologie (DGPs) zur kritischen Befassung übersendet. Der Vorstand der DGPs entschied sich nach dieser Befassung dafür, in einer Pressemitteilung auf die Studie zu verweisen und diese online zu verlinken. In der Pressemitteilung vom 30.06.2014 forderte der damalige Präsident der DGPs, Prof. Dr. Jürgen Margraf, mehr Qualität bei Gutachten im Familienrecht. Auf Einladung stellten wir die Studie im Juli 2014 bei einer Besprechung im Bundesministerium der Justiz und für Verbraucherschutz (BMJV) vor. Bei der anschließenden Diskussion mit Vertretern überregionaler psychologischer, psychiatrischer und juristischer Berufsverbände herrschte ebenfalls Einigkeit dahingehend, dass im Bereich der familienrechtspsychologischen Begutachtung tatsächlich ein Missstand vorliegt (Gesprächsprotokoll des BMJV vom 14.07.2014). In weiteren Presseerklärungen vom 08.07.2014 und vom 21.10.2014 bekräftigten die psychologischen Berufsverbände die Notwendigkeit, auf eine Verbesserung der Qualität familienrechtspsychologischer Gutachten hinzuwirken.

Auch psychologische Sachverständige traten an uns heran, um uns mitzuteilen, dass die Studienergebnisse ihre Einschätzung der generell geringen Qualität familienrechtspsychologischer Gutachten stütze und/oder sie aus der Studie Anregungen zur Optimierung ihrer Tätigkeit erhielten.

Bei anderen Teilen der Sachverständigenschaft stießen die Ergebnisse der Studie auf Widerspruch. Nach ihrer Ansicht bestünden keine Probleme mit der Qualität familienrechtspsychologischer Gutachten; die Studienergebnisse seien aufgrund methodischer und interpretativer Fehler lediglich Artefakte. Journalisten und Medien wiederum, die in eigener kritischer Berichterstattung seit Jahren mangelnde Qualitätsstandards in der familienrechtspsychologischen Begutachtung aufzeigten, wurden von diesen Sachverständigen des Sensationsjournalismus bezichtigt. Bedauerlicherweise entsprachen dabei weder Ton noch Argumentation den üblichen Konventionen einer wissenschaftlichen Auseinandersetzung und die Spannbreite der Reaktionen reichte von telefonischen Beschimpfungen bis hin zu in Fachzeitschriften publizierten Kommentaren, deren emotionale Aufladung nur wenig mit einer wissenschaftlichen Begründung der vorgetragenen Argumente korrespondierte (Fichtner, 2015a, 2015b; Hommers, 2014).

Unseren Daten wurden in diesem Diskurs auch einige Behauptungen entgegengesetzt, mit denen die Aussagekraft der Studienergebnisse infrage gestellt werden sollte. Als eines der Gegenargumente zu unseren Daten wurde zum Beispiel vorgetragen, dass schlechte Gutachten lediglich „Einzelfälle" seien, während sich die Mehrheit der psychologischen Sachverständigen an „bewährte" Fachstandards hielte. Ohne entsprechende Daten bleibt diese Aussage allerdings eine Behauptung. Unsere Studie zeigt, dass 56 % der von uns untersuchten Gutachten ein kardinales Kriterium der Gutachtenqualität, nämlich die Formulierung untersuchungsleitender psychologischer Fragen nicht erfüllt (und andere Kriterien ebenso wenig). Empirisch ist die „Einzelfall"-Hypothese damit kaum haltbar, es sei denn a) man machte nun gesamte Gerichte zu regionalen Einzelfällen (dem entgegen stehen allerdings die Ergebnisse anderer Studien), oder man nähme an, b) die Sachverständigen seien nicht repräsentativ (eine Behauptung, für die ebenfalls keine empirischen Argumente vorgelegt werden konnten); oder man stellte c) nun die Kriterien der wissenschaftlichen Begutachtung insgesamt in Frage (dann kann jedoch nicht mehr ernsthaft davon die Rede sein, dass innerhalb der psychologischen Diagnostik „bewährte" Fachstandards vorhanden seien). Sämtliche der zuletzt genannten Argumentationslinien lassen sich in den Kritiken der Sachverständigen identifizieren – entsprechende Daten werden hingegen nicht präsentiert. Eine weitere ebenfalls empirisch nicht belegte Behauptung ist die, dass schlechte Gutachten nahezu ausschließlich von nicht psychologischen Sachverständigen erstellt würden (z. B. „Heilpraktikerinnen", „Kindergärtnerinnen" und angeblich sogar „Schornsteinfegern"). Tatsächlich wurden in sämtlichen bisherigen Studien zur Gutachtenqualität die untersuchten Gutachten zu über 90 % von Sachverständigen mit einem Diplom- oder M.Sc.-Abschluss in Psychologie erstellt. Die Argumentationslogik, nach der Psychologinnen und Psychologen per se gute familienrechtspsychologische Sachverständige seien, wäre auch nur dann überzeugend, wenn mit einem Diplom- oder Master-Abschluss in Psychologie in jedem Fall bereits die Fachkompetenzen und Fachkenntnisse erworben würden, die für eine sachgerechte familienrechtspsychologische Begutachtung notwendig sind. Dies ist allerdings bereits aus folgenden Gründen zu bezweifeln: In einer kürzlich durchgeführten Beurteilung des Stands der Diagnostikausbildung an deutschsprachigen Universitätsinstituten kommen die Autoren zu dem

Fazit, „dass bei der überwiegenden Mehrheit aller Psychologiestandorte schon seit Jahren keine Kompetenzen im psychologisch-diagnostischen Interview erworben werden konnten." (Schmidt-Atzert, Kersting, Preckel, Westhoff & Ziegler, 2012, S. 169). Auch die Ausbildung in den Bereich „Beobachtung" und „Testen und Entscheiden" lasse oft zu wünschen übrig (ebd.). Es werden hier also Ausbildungsdefizite ausgemacht, die gerade Kompetenzen betreffen, die für eine berufsfeldorientierte Qualifizierung von familienrechtspsychologischen Sachverständigen unerlässlich sind. Wir haben darüber hinaus auch nicht den Eindruck, dass die Familienpsychologie in der notwendigen Tiefe und Breite Gegenstand der Psychologieausbildung ist. Weiterhin ist die Erkenntnis nicht neu, dass ein Diplom- (oder Master-) Abschluss in Psychologie eine Grundvoraussetzung ist, aber nicht hinreichend auf eine rechtspsychologische Sachverständigentätigkeit vorbereitet. Die DGPs und der BDP haben genau aus diesem Grund bereits Mitte der 1990er-Jahre eine zertifizierte Weiterbildung für Rechtspsychologie entwickelt. Andere Institutionen bieten ähnliche Weiterqualifikationen an. Wenn der Psychologieabschluss als solcher für die Tätigkeit als Sachverständige(r) ausreichte, wären diese Weiterqualifizierungsangebote obsolet.

Ein damit verbundener mehrfach geäußerter weiterer Kritikpunkt betrifft die Frage, ob die von den Gerichten beauftragten Sachverständigen, die die untersuchten Gutachtachten erstatteten, repräsentativ für die Gesamtpopulation gerichtlicher Sachverständiger sind. Wie viele Sachverständige bundesweit überhaupt für Gerichte tätig sind und welche Qualifikationsmerkmale sie charakterisieren, ist nirgends erfasst. Da somit bereits die Grundgesamtheit der Sachverständigen unbekannt ist, kann niemand diese Frage beantworten. Wir können dies daher auf der Grundlage unserer Daten ebenfalls nicht – sie war allerdings auch nicht Gegenstand unserer Forschung. Was wir jedoch auf der Grundlage unserer Daten sagen können ist, dass 91 % der Gutachten von insgesamt 40 unabhängigen psychologischen Sachverständigen mit einem Diplom- oder Masterabschluss in Psychologie verfasst wurden. 30 dieser Sachverständigen arbeiteten in insgesamt sechs großen Gemeinschaftspraxen oder gerichtspsychologischen Instituten, die allesamt überregional tätig waren. Die in diesen Praxen und Instituten verfassten Gutachten wurden jeweils von mindestens zwei Personen unterzeichnet. Das heißt, zusätzlich zu den 40 Sachverständigen war eine größere Zahl weiterer psychologischer Sachverständiger in die Gutachtenerstellung involviert. Bei den gerichtspsychologischen Instituten handelt es sich dabei nicht um kleine Institute, sondern um solche, die überregional bekannt und etabliert sind. Statistische Analysen auf Sachverständigen- statt Gutachtenebene lieferten zudem keine empirischen Hinweise darauf, dass unsere Ergebnisse dadurch verzerrt sind, dass einige wenige Gutachterinnen und Gutachter überproportional viele und schlechte Gutachten verfassten, die dann in unseren Analysen besonders stark ins Gewicht fielen.

Am Ergebnis unserer Schlussfolgerungen ändert die Auseinandersetzung mit den genannten Kritikpunkten nichts: Wenn durch Vollerhebungen an vier Amtsgerichten festgestellt wird, dass ein erheblicher Teil von Gutachten die von einer Expertenkommission auf dem gegenwärtigen Wissensstands des Fachs formulierten methodischen Standards nicht erfüllt, halten wir dies für alarmierend – und dies umso mehr unter dem Umstand, dass die vereinzelt vorliegenden früheren Studien ähnliche Qualitätsdefizite aufgezeigten (und dies bereits über einen Zeitraum von über 30 Jahren!). Im Umkehrschluss bedeutet dies selbstverständlich nicht, dass alle psychologischen Sachverständigen mangelhafte Gutachten erstellen (diese Schlussfolgerung haben wir an keiner Stelle unseres Berichts gezogen). Wir wissen, dass sich zahlreiche Sachverständige selbst zur Einhaltung höchster Standards verpflichten. Andere geben diese Standards auch in exzellenten Weiterbildungsangeboten weiter. Die empirische Frage, die sich allerdings stellt, lautet: Wie viele Gutachten sind es, die nach diesen Qualitätsmaßstäben verfasst werden? Diese Frage stellt sich umso mehr, da bislang rechtlich-verbindliche Qualitätsmaßstäbe weitgehend ebenso fehlen wie eine rechtliche Verpflichtung zur Weiterqualifikation.

Die Argumente der Kritiker, deren Zielsetzung in erster Linie die Erhaltung des Status Quo und eine Immunisierung gegen berechtigte Anfragen zur Qualität familienrechtspsychologischer Gutachten von innerhalb und außerhalb der Psychologie zu sein scheint, werden jedoch in absehbarer Zeit im Zuge politischer Entwicklungen gegenstandslos werden. Die Erkenntnis, dass in Bezug auf die Qualität familienrechtspsychologischer Gutachten ein Missstand vorliegt und dringender Änderungsbedarf besteht, ist schon seit längerer Zeit in der Politik angekommen. Das Bundesministerium der Justiz und für Verbraucherschutz hat am 01.06.2015 einen Referentenentwurf vorgelegt, der ein Gesetz zur Änderung des Sachverständigenrechts und zur weiteren Änderung des Gesetzes über das Verfahren in Familiensachen und in den Angelegenheiten der freiwilligen Gerichtsbarkeit zum Inhalt hat (BMJV, 2015a). Am 16.09.2015 gab das Bundesministerium der Justiz und für Verbraucherschutz bekannt, dass die Bundesregierung den vorgelegten Entwurf eines Gesetzes zur Änderung des Sachverständigenrechts und zur weiteren Änderung des FamFG beschlossen hat (BMJV, 2015b). Die Gesetzesänderung enthält Vorgaben darüber, welche beruflichen Qualifikationen zur Ausübung einer Sachverständigentätigkeit im Familienrecht Voraussetzung sind. So wird § 163 Abs. 1 des FamFG wie folgt gefasst: „(1) In Verfahren nach § 151 Nummer 1 bis 3 ist das Gutachten durch einen geeigneten Sachverständigen zu erstatten, der mindestens über eine psychologische, psychotherapeutische, kinder- und jugendpsychiatrische, psychiatrische, ärztliche, pädagogische oder sozialpädagogische Berufsqualifikation verfügen soll" (Bundesrat Drucksache 438/15). Ferner sollten zukünftig in Kindschaftssachen zur Verbesserung der Qualität der Gutachten Qualifikationsanforderungen für Sachverständige vorgegeben und die Auswahl der Sachverständigen durch das Gericht begründet werden. Die Beteiligungsrechte der Parteien bei der Auswahl der Sachverständigen sollten gestärkt werden, indem sie bei einer obligatorischen Anhörung der Parteien beziehungsweise Beteiligten vor der Ernennung einer/eines Sachverständigen gehört werden. Die Sachverständigen wiederum sollen zur Gewährleistung der Neutralität unverzüglich prüfen, ob Gründe vorliegen, die geeignet sind, Misstrauen gegen ihre Unparteilichkeit zu rechtfertigen, um diese dem Gericht unverzüglich mitzuteilen. Zwar gibt es noch keine konkreteren Aussagen dazu, wie die Qualifikationsanforderungen für Sachverständige aussehen werden; trotzdem ist mit der Vorlage dieses Gesetzesentwurfs ein wesentlicher Meilenstein für eine Verbesserung der Qualität familienrechtspsychologischer Gutachten gesetzt worden.

5.4 Implikationen

Um Veränderungsprozesse der wenig zufriedenstellenden aktuellen Situation anstoßen zu können, erscheinen verschiedene, einander ergänzende Maßnahmen sinnvoll. Ein wichtiger Anknüpfungspunkt ist das Ergebnis unserer explorativen Analysen. Dieses legt nahe, dass Sachverständige mit einer Zusatzqualifikation als Rechtspsychologin bzw. Rechtspsychologe im Schnitt qualitativ bessere Gutachten verfassen. Da unsere Untersuchung nicht dazu angelegt war, Sachverständige mit und ohne diese Zusatzqualifikation systematisch zu vergleichen, ist dieses Ergebnis sicher mit der gebotenen Vorsicht zu interpretieren. Wir betrachten es aber als ein weiteres ermutigendes Indiz dafür, dass eine strukturierte Weiterbildung, wie sie zum Beispiel mit der Weiterbildung für Rechtspsychologie BDP/DGPs bereits seit Jahren besteht, als eine Eingangsvoraussetzung für die Tätigkeit als psychologische Sachverständige definiert werden sollte. Dies umso mehr, da bereits festgestellt wurde, dass gerade die praxisbezogenen psychodiagnostischen Ausbildungsinhalte (v. a. Durchführung von Interviews, aber auch die Vorbereitung, Durchführung und Auswertung systematischer Verhaltensbeobachtungen) einen eher geringen Anteil an der Diagnostikausbildung an deutschsprachigen psychologischen Instituten haben (Schmidt-Atzert, Kersting, Preckel, Westhoff & Ziegler, 2012).
   Eine weitere Maßnahme ist die Verbesserung des interdisziplinären Dialogs mit allen Gruppen, die im Kontext von familienrechtspsychologischen Gutachten tätig werden, aber vor allem mit den Richterinnen und Richtern. Insbesondere

sie müssen die Qualifikation besitzen, mangelhafte psychologische Gutachten zu erkennen und fachlich angemessene Gutachten einzufordern. Uns ist bekannt, dass der Berufsverband Deutscher Psychologinnen und Psychologen (BDP) und die Deutsche Gesellschaft für Psychologie (DGPs) seit Jahren konzertierte Anstrengungen zur Weiterqualifikation von Psychologinnen und Psychologen unternehmen; entsprechende Weiterbildungen existieren ebenfalls für Richterinnen und Richter. Für eine umfassende Durchsetzung der Einhaltung der fachlichen Qualitätsstandards ist es allerdings unzureichend, wenn die Inanspruchnahme von Qualifizierungsmaßnahmen vonseiten der Psychologinnen und Psychologen allein auf dem Prinzip der Freiwilligkeit beruht. Was vielmehr notwendig ist, ist ein rechtlich verbindliches und flächendeckendes Qualitätssicherungssystems der (familien)rechtspsychologischen Sachverständigentätigkeit. Wir hoffen, mit dieser Forschung auch einen Beitrag dazu zu leisten, dass sich der BDP und die DGPs verstärkt für diese rechtspolitische Maßnahme einsetzen. Ein erster Schritt ist mit dem Referentenentwurf des Bundesministeriums der Justiz und für Verbraucherschutz (BMJV, 2015a) bereits getan, in dem verbindliche Anforderungen an die Berufsausbildung von psychologischen Sachverständigen gestellt werden. Die Politik kann hier ebenfalls ihren Teil beitragen und zukünftig für rechtsverbindliche Standards in der familienrechtspsychologischen Begutachtung sorgen.

6 Praxiskommentare

Ein Ziel der Reihe „Beiträge zur Angewandten Psychologie" ist es, den Wissenschafts-Praxis-Transfer im deutschsprachigen Raum durch die Publikation von Grundlagenforschung mit Kommentierungen aus der Berufspraxis zu fördern. Im Folgenden wird die in diesem Band vorgestellte Studie von Vertreterinnen und Vertretern aus jeweils einem von vier Bereichen kommentiert: (a) der Sachverständigenschaft, (b) der Richterschaft, (c) der Anwaltschaft und (d) der Forensik.

6.1 Praxiskommentar aus sachverständiger Sicht von Dr. Anne Huber und Jörg Paschke

Dr. Dipl.-Psych. Anne Huber und Dipl.-Psych. Jörg Paschke sind seit mehr als 10 Jahren psychologische Sachverständige mit eigener Praxis in Berlin.

„Im deutschen Fernsehen gibt es nur noch kaputte Familien. Außer den Simpsons gibt es keine normale Familie mehr im TV." (Edmund Stoiber - Spiegel Online, 6. Juni 2006). Die Vorstellung, familienrechtspsychologisches Sachverständigenhandeln auch auf ein Familiensystem wie die Simpsons anzuwenden, verspricht sehr humorige Gedankengänge und wäre sicherlich für jede Untersucherin eine echte Herausforderung, gerade auch vor dem Hintergrund der seit 2014 anhaltenden (erneuten) Qualitätsdiskussion psychologisch-wissenschaftlich fundierter Entscheidungshilfen für deutsche Familiengerichte. Dass jedes zu diagnostizierende Familiengefüge (außer den normativen Simpsons) Eigenarten, Entwicklungsalter, Persönlichkeitsaspekte sowie Erlebens- und Verhaltensspezifika usw. aufweist, liegt in der Natur der kleinsten sozialen Einheit von zwei Menschen aufwärts. Die (ethische) Metafrage vor allen (juristischen) Mikrofragen lautet daher: Kann eine Sachverständige sozialwissenschaftlicher Prägung anhand von Anknüpfungstatsachen, Anamnese, Interaktionsbeobachtung, psychometrischer Testdiagnostik sowie fremdanamnestischer Daten seriös, empirisch gesichert und finanziell vertretbar innerhalb von nur einigen mehrstündigen Terminen (verteilt auf ein mehrmonatiges Zeitkontinuum) eine juristische Beweisfrage erschöpfend beantworten?

Die schlichte Antwort aus langjähriger Praxisperspektive lautet „Ja". Über das „Wie" wird jedoch derzeit teils heftig und unsachlich fachintern, berufspolitisch und gesamtgesellschaftlich gestritten. Warum? Bei Vergegenwärtigung eines prototypischen Begutachtungsgegenstandes wie bspw. der Frage nach dem kindlichen Lebensschwerpunkt, der elterlichen Erziehungseignung oder einer etwaigen Kindeswohlgefährdung etc. wird bereits für jeden Laien überdeutlich, dass die Vielzahl an verhaltensbasierten Wechselvektoren, involvierten Personen (Familie, Justiz, Jugendamt, Betreuungseinrichtungen, Helfersystem, Kliniken), konträren Interessen, antagonistischen Positionen und Herangehensweisen sowie an spezifischen Probandengruppen (mit Krankheit, Handicaps, Einstellungen) unweigerlich die Rolle einer neutralen und rationalen Diagnostikerin tangiert. Des Weiteren werden aufgrund einer dann extrahierten und einmal abgegebenen Sachverständigenempfehlung nachhaltige Existenz- und Biografieabänderungen vorgenommen, gekoppelt mit nachvollziehbarer und teils intensiver Emotionalität, Abwehr, Feindseligkeit, aber auch mit Genugtuung, Dankbarkeit und stabiler Konfliktbefriedung auf Seiten der verfahrensbeteiligten Familienmitglieder. Unter anderem ist es auch der vorliegenden Studie von Salewski, Stürmer, Meyer und Meyer (2015) zu verdanken, dass es nunmehr wiederholt eine intensive Diskussion um Qualitätsstandard in der familienrechtlichen Begutachtung gibt, war es doch für Dritte, Betroffene und Außenstehende bisher viel zu oft nebulös, unkonkret und intransparent, was denn eigentlich eine fachpsychologische Untersuchung beinhalten und nach berufsethischen Maßstaben im Ideal- und Regelfall ausmachen sollte.

Vor allem war die Überprüfung und Analyse einer gemeinhin korrekten und methodisch fundierten (umfangreichen) Expertise für die Familiengerichte (Amts-, Kammer-, Oberlandesgerichte) und beauftragenden (erfahrenen) Juristen aufgrund knapper Zeitressourcen und simultaner Komplexität der zu sichtenden Schriftsätze bisher eher schwierig bis unmöglich. Die überfällige und langjährig verschleppte Erarbeitung elaborierter gutachterlicher Leitlinien und wissenschaftlicher Qualitätskriterien für die Familienrechtspsychologie, wie sie im strafrechtlichen Procedere längst zum Standardrepertoire forensisch-psychologischer Gutachtenpraxis (z. B. im Hinblick auf Verantwortlichkeit, Schuldfähigkeit, Prognose, Glaubhaftigkeit) gehört, wird ganz zweifelsfrei zu einer noch weiteren Professionalisierung und Optimierung bisheriger Sachverständigentätigkeit führen.

Dass familienpsychologische Stellungnahmen und Gutachten sich ebenso an einschlägigen Kriterien hinsichtlich der gängigen und angewandten Methodik messen lassen müssen, ist unbestritten und sollte dem Selbstverständnis einer Beurteilerin ohne Abstriche entsprechen. Auch in der (uneinheitlich verschulten) Psychotherapie liegen heute nach langwierigen fachlichen Diskussionen und Auseinandersetzungen verbindliche Richtlinien für die erfolgreiche Behandlung z. B. einzelner Störungsbilder vor, welche nicht nur dem Anwender sondern auch der betroffenen Patientin oder dem Hilfesuchenden Zuverlässigkeit, Vorsehbarkeit, Sicherheit und Schutz bieten. Insbesondere in einem familienrechtlichen Verfahren, in welchem z. B. im Falle eines fraglichen Sorgerechtsentzugs in die

Grundrechte einer oder mehrerer (auch mdj.) Personen massiv eingegriffen wird, sollten höchste (juristische und fachliche) Begutachtungsanforderungen für die Untersucherin Standard sein. Das methodische Vorgehen hat sich selbstredend an wissenschaftlich neuesten Erkenntnissen und Weiterentwicklungen zu orientieren und – dies ist der Anspruch von Wissenschaft allgemein – muss nachvollziehbar und überprüfbar sein.

Ein „alter Hut" sollte man meinen, ist es aber nicht, wie die nun neu entfachte Debatte innerhalb der Berufsgruppe, der Betroffenenforen, der Medien usw. eindrucksvoll belegt. Die Autoren des hiesigen Kommentars sehen analog zu Salewski, Stürmer, Meyer und Meyer (2015) die Dringlichkeit und Notwendigkeit von deren Bemühungen sowie Diskussionsimpulsen und können aus eigener jahrelanger Anschauung die eruierten Studienergebnisse größtenteils bestätigen und hieraus abzuleitende Schlussfolgerungen bejahen, wenn auch nicht in Gänze. Da wir zuweilen mit einer Zweit- oder gar Drittgutachtenerstellung beauftragt werden, konnten wir Einblicke in vielfältige familienpsychologische Expertisen der vergangenen Jahre nehmen, welche in den dazugehörigen Vorverfahren erstellt worden waren und i. d. R. bereits irreparable Konsequenzen für die Probanden gehabt hatten. Die Mangelpalette war reich betupft: Vermengung von Untersuchungsergebnissen und integrativem Datenbefund; primärer Einsatz projektiver Testverfahren (z. B. Rorschach zur Frage der Erziehungsfähigkeit); rein monetär geleitete Gefälligkeitsgutachten mit einseitiger Parteinahme für den Zahler; 12.000 € pro Expertise für den Untersucher; zwei Jahre Wartezeit bis zur Gutachtenvorlage; „Ermittlungstätigkeit" von Sachverständigen; unangemeldetes Kommen bei Familien und mit anschließender Bilddokumentation von Kleidungsschränken und Kühlschrank; Nichterreichbarkeit von Sachverständigen für Elternparteien; (machtmotivierte) Abwertung respektive Übervorteilung von Exploranden; Befunderstellung anhand von Eigenerfahrungen als Kind/Elternteil nicht anhand neutraler Daten- und Erkenntnisgrundlage; Kindesherausnahme einzig aufgrund einer zu symbiotischen Mutter-Tochter-Beziehung. Es verwundert daher weniger, dass aktuell ein neuerlicher Diskurs um familienpsychologische Begutachtungen losgetreten wurde, sondern es überrascht zuvorderst, dass es ihn nach Jahren der Abstinenz jetzt erst wieder gibt. Insofern sind die von Salewski, Stürmer, Meyer und Meyer in der vorliegenden Publikation postulierten Qualitätsstandards auch seitens der Kommentarverfasser vollumfänglich zu unterstützen, wenngleich nicht alle Postulate im Praxisalltag immer und überall umsetzbar und praktikabel erscheinen, bspw. die Abbildung von Akteninhalten, umfängliche bindungsdiagnostische Untersuchungsschritte oder eine ausführliche methodische Begründung verwendeter (auf Güterkriterien basierender) Testverfahren. Die immer gleiche Anwendung eines schemaaffinen Begutachtungsprozedere wird jedoch aufgrund von Einzelfallorientiertheit (bspw. arabische Großfamilie), Auftragsbesonderheiten (z. B. Kurzgutachten), limitierten Kosten- und Zeitrahmen sowie individueller Mitwirkungsbereitschaft und -fähigkeiten (z. B. geringes Entwicklungsalter, Sprachbarriere, Suchtproblematik, Medikation, eingeschränkte Intellektualität) nicht jederzeit und überall möglich sein. Dennoch sollte zukünftig ein verbindlich anzuwendendes familienrechtspsychologisches Untersuchungssetting zur Grundausrichtung für die Anwenderin obligat sein, um „Freestyle und Wildwuchs" aus den juristisch angeforderten Expertisen für immer zu verbannen. Selbstverständlich muss hierbei die fachpsychologische Diagnostik idealerweise multimodal sein, das heißt, um ein und denselben Sachverhalt zu untersuchen, sollten langwierig entwickelte und zur Verfügung stehende psychologisch-wissenschaftliche Methoden (z. B. Explorationsleitfäden, Testdiagnostik, Verhaltensbeobachtung) angewandt werden. Die Begrenztheit für den Erkenntnisgewinn von einzelnen Erhebungsinstrumenten ist indes hinlänglich bekannt, weshalb Multimodalität als sich ergänzende und korrespondierende Herangehensweise standardgemäß im Feld realisiert werden sollte. Charakteristisch für den gutachterlichen Berufsstand ist, dass für diese Art angewandte psychologisch-wissenschaftliche Tätigkeit ausgebildete und erfahrene Sachverständige rechtspsychologischer sowie forensisch-klinischer Couleur verantwortlich zeichnen sollten, die als Dienstleister und (fachliche) Generalisten sowie zumeist als Freiberufler mit der Fähigkeit zur Selbstorganisation, permanenten Kompetenzerweiterung und Empathie im Umgang mit spezifischen Klienten (alle Altersgruppen, Störungsbilder, Milieus, Nationalitäten, Konfliktlagen etc.) fungieren. Das Arbeits- und Spannungsfeld beinhaltet das Erzielen maximaler Informationsgenerierung in stark limitierten Explorationszeiten, je nach Bedarf zwischen vielfachen Konfliktparteien zu moderieren, möglichst allseitige Erwartungshaltungen zu erfüllen sowie eine nachhaltige Konfliktberuhigung in die stressreiche (Schreib)Arbeit einfließen zu lassen. Daher wären Kenntnisse nur in klassischer Testtheorie und Testkonstruktion bei Weitem nicht ausreichend, vielmehr benötigt eine Untersucherin darüber hinaus fundierte Kenntnisse in sogenannter qualitativer Forschung, dazu befähigt, halbstrukturierte Interviews zu konzipieren, durchzuführen und auszuwerten. Eine Diagnostikerin braucht überdies vertiefte Kenntnisse in systematischer und unsystematischer Verhaltensbeobachtung und muss gleichermaßen bei zweijährigen Kindern oder psychisch kranken Elternteilen ihre Methodik sachkundig und ad hoc adaptierend anwenden können.

Die Sachverständige kann einerseits nur auf etablierte wissenschaftlich anerkannte Untersuchungsverfahren zurückgreifen, die andererseits aber nur in den seltensten Fällen auf die juristische Fragestellung(en) kongruent zugeschnitten sind. Die Anwenderin muss also quasi eigenständig laut psychologischen

Diagnostikkriterien einen Untersuchungsplan zusammenstellen und hierbei, durchaus originell, verschiedene diagnostische Elemente flexibel und bedarfsorientiert miteinander kombinieren, bei denen davon auszugehen ist, dass sie am besten geeignet sind, die zuvor abgeleiteten Untersuchungskonstrukte optimal zu erfassen. Oftmals ist zu Begutachtungsbeginn noch gar nicht bekannt, welche Faktoren überhaupt für das Kindeswohl relevant und welche Personen im kindlichen Erleben bedeutsam sind, oder über welche Ressourcen das Familiensystem verfügt. Besonders in sogenannten Kinderschutzfällen (gem. § 1666 BGB) erschließt sich dieser Aspekt oft erst in der weiteren prozessorientierten Diagnostik, wobei psychologische Fragestellungen (bspw. nach Krankheitsremission wiedererstarkte Belastbarkeitsparameter einer Elternpartei) ggf. dann erweitert und an die vorgefundenen Gegebenheiten adaptiert werden müssen.

Resümierend ist festzustellen, dass der zu würdigenden Publikation von Salewski, Stürmer, Meyer und Meyer (2015) das Verdienst gebührt, eine sehr lebendige, kontroverse und zuweilen polemisch geführte Debatte zur rechten Zeit angestoßen zu haben. Gleichzeitig sind Negativeffekte im gutachterlichen Praxisalltag zu beobachten, die zwar nicht alleinig auf die genannte Studie rekurrieren, aber durch die seit über einem Jahr anhaltende Diskussion unter Einbezug der (medial einseitig informierten) Öffentlichkeit bestärkt werden. Hierzu zählen nicht nur verunsicherte Elternparteien, die eine familienrechtspsychologische Begutachtung noch vor sich haben und diese aktiv mitgestalten sollen, sondern auch eine pauschale Diskreditierung von sachverständig Tätigen, persönliche Anfeindungen der Berufsgruppe durch Betroffene, (realitätsferne) Diffamierungen in Internetforen (z. B. mit Hang zu vermeintlichen Haftungsansprüchen und zum Publizieren von nicht anonymisierten Gutachten im Internet). Wünschenswert ist daher, dass (akademisch ausgebildete) Psychologen und verwandte Berufsgruppen bei diskussionswürdigen familienrechtspsychologischen Inhalten nicht weiter gegensätzlich, sondern miteinander arbeiten und sich zeitnah solidarisierend zeigen. Was aus gegebenem Anlass dringend geboten scheint, zur interdisziplinären Kooperative zurückzufinden, der Forschungs- und Betätigungsfelder gibt es dergestalt nämlich viele:

Längsschnittstudien zu Langzeitfolgen erstellter Sachverständigengutachten hinsichtlich Kindeswohl, Konfliktreduktion etc. Des Weiteren die Fortentwicklung psychometrischer Testverfahren bspw. für Kinder unter fünf Jahre, zur (fundierten) Bindungsdiagnostik oder zu prognostischen Risiko- bzw. Schutzfaktoren eines multifaktoriellen Familiensystems. Zentrale methodische Fragen nach Prozess- vs. Statusdiagnostik (inklusive Probehandeln), Lösungs- vs. Entscheidungsorientiertheit oder „konkurrierender" Adoptions-, Pflege- und leiblicher (sozialer) Elternschaft sollten nach dem Empfinden beider Kommentatoren zukünftig genauso im Zentrum einer konstruktiven Fachdiskussion stehen wie ethische Inhalte und diagnostische Grenzen im Kontext familienrechtspsychologischer Untersuchungen, weniger die eigenen Reputationen und Pfründe.

6.2 Praxiskommentar aus richterlicher Sicht von VRiOLG Joachim Lüblinghoff

Joachim Lüblinghoff ist Vorsitzender Richter am Oberlandesgericht Hamm und Präsidiumsmitglied des Deutschen Richterbundes.

Die Qualität von Gerichtsgutachten im Familienrecht steht seit Langem in der Kritik. Das Ziel einer Verbesserung der Gutachten-Qualität im familiengerichtlichen Bereich ist mit guten Gründen in den aktuellen Koalitionsvertrag aufgenommen worden. Viele Familienrichterinnen und Familienrichter teilen diese Zielvorstellung. Die Kette der unbemerkt gebliebenen Fehler in Gutachten reißt nicht ab. Es handelt sich nicht nur um Einzelfälle. Das zeigt auch die im Juli 2014 vorgestellte Studie der Fernuniversität Hagen, die dem Publikationsvorhaben zu Grunde liegt. Bereits die Vorstellung der Studie durch die Professoren Stürmer und Salewski am 8. Juli 2014 im Bundesministerium der Justiz und für Verbraucherschutz war erschreckend eindrucksvoll. Die Hagener Wissenschaftler haben nicht nur einfache Fehler in den 116 untersuchten familienpsychologischen Gutachten aufgezeigt. Solche Fehler sind, das wissen die Praktiker, leicht zu beheben. Die Anhörung hat vielmehr aufgedeckt, dass die Mehrzahl der Gutachten nicht einmal den Mindestanforderungen an ein wissenschaftlich fundiertes Vorgehen genügt. Diese Studie mag man, wie inzwischen geschehen, bemängeln. An dem Befund, dass es zu eklatanten Fehlern in der familiengerichtlichen Begutachtung gekommen ist, ändert es aber nichts. Zudem wird der Befund durch die Gerichtsentscheidungen des Bundesverfassungsgerichts aus dem Jahr 2014, insbesondere durch die Entscheidung vom 19. November 2014 (1 BvR 1178/14) bestätigt. Die mediale Berichterstattung über den Beschluss vom 19. November 2014 ist – für eine Kammerentscheidung – beachtlich. Christian Geyer spricht in der FAZ vom 3. Dezember 2014 gar von einer Zäsur für das gerichtliche Gutachterwesen. Ob dem so ist bleibt abzuwarten. Den Gründen der Entscheidung ist jedenfalls zu entnehmen, dass die Erkenntnisse der Hagener Studie dort bereits ihren Niederschlag gefunden haben. Allein das lässt schon die Bedeutung dieser Studie erkennen.

Herleitung psychologischer Fragen

Ein wesentlicher Mangelbefund der Hagener Studie besteht darin, dass in 56 % der Gutachten aus der gerichtlichen Fragestellung keine fachpsychologischen Arbeitshypothesen, also psychologische Fragen hergeleitet werden. Ein solcher Befund ist für den gerichtlichen Praktiker im Familienrecht nichts Neues. Wenn ein eingeholtes familienpsychologisches Gutachten erkennbar nicht den wissenschaftlichen Anforderungen genügt, kann das Familiengericht eine neue Begutachtung durch dieselben Gutachter oder durch andere Sachverständige anordnen. So sieht es das Gesetz in §§ 30 Abs. 1 FamFG, 412 Abs. 1 ZPO vor.

Tatsächlich sind aber die meisten Fehler in der Fragestellung vollkommen unspektakulär. Dies hängt insbesondere damit zusammen, wie forensisch erfahren der beauftragte Gutachter ist. Verfügt der Gutachter über eine umfangreiche forensische Erfahrung, so können aus richterlicher Sicht wenige Worte im Beweisbeschluss zur Konkretisierung der Beweisfrage ausreichen. In nahezu allen Fällen wird aus gerichtlicher Sicht im Beweisbeschluss nach dem Kindeswohl gefragt. Diese Fragestellung kann nach dem materiellen Recht sehr unterschiedlich ausfallen. So wird in § 1671 BGB danach gefragt, was „dem Wohl des Kindes am besten entspricht". Zu § 1666 BGB lautet die Frage, ob „das körperliche, geistige oder seelische Wohl des Kindes gefährdet" ist. Und in Abänderungsfällen gem. § 1696 BGB ist danach zu fragen, ob „dies aus triftigen, das Wohl des Kindes nachhaltig berührenden Gründen angezeigt ist".

Der forensisch erfahrene Praktiker weiß, allein wenn er die Norm liest, wie die Fragestellung zu lauten hat. Er erkennt allein daran sowohl die gerichtliche als auch die psychologische Fragestellung. Ihm dies nochmals zu erklären, hieße Eulen nach Athen zu tragen. Dagegen ist für den forensisch unerfahrenen Gutachter ein konkreter Beweisbeschluss unbedingt erforderlich. Allein die unspezifische Frage nach dem Kindeswohl führt hier zu Fehlern. Ein solcher Fehler wäre natürlich durch den Richter veranlasst. Der Sachverständige muss unbedingt wissen, wie seine Null-Hypothese lautet.

Begründung der Auswahl der Datenerhebungsverfahren

Dieses Qualitätsmerkmal gilt als erfüllt, wenn das jeweilige Verfahren mit den psychologischen Fragen in Bezug gesetzt wird und somit inhaltlich begründet ist. Dies hängt wiederum davon ab, ob psychologische Fragen formuliert werden. Ist die Fragestellung defizitär, gilt dies folglich auch für das Verfahren. Zur Fehlerfeststellung durch den Familienrichter und der etwaigen Behebung dieses Fehlers kommt es folglich auf die forensische Erfahrung an. Bei einem forensisch unerfahrenen Gutachter ist dessen Überprüfung durch den Familienrichter demnach umso mehr geboten.

Psychometrische Qualität der Datenerhebungsverfahren

Die Hagener Studie hat hier gezeigt, dass in allen Gutachten diagnostische Interviews geführt worden sind. Bemängelt worden ist, dass die Zielsetzung des

Gesprächs ebenso wenig zu erkennen war, wie die Frage, warum bestimmte Themen angesprochen worden sind.

Bemängelt worden ist auch, dass in etwa einem Fünftel der Gutachten, die Verhaltens- und Interaktionsbeobachtungen nicht dokumentiert worden sind. Diese Defizite dürften durch den Familienrichter recht einfach zu überprüfen zu sein. Entscheidend wird wiederum sein, welche Konsequenzen diese Defizite haben.

Defizite werden auch bei den eingesetzten Testverfahren beschrieben. In der Vielzahl der Fälle ist die Durchführung der Testverfahren nicht erforderlich. Der Familienrichter kann dies mit der einfachen Frage ergründen, ob der Gutachter die durchgeführten Testverfahren zur Beantwortung der Beweisfrage benötigt. Wird dies verneint, stellt sich die Frage der verbotenen Überdiagnostik. Ist die Durchführung der Testverfahren erforderlich gewesen, müssen die Verfahren natürlich den aktuellen wissenschaftlichen Anforderungen genügen.

Methodenkritische Interpretation der Ergebnisse

Auch in diesem Punkt werden vielfache Mängel beschrieben. Diese sind, so die Erfahrungen der gerichtlichen Praxis, dadurch bedingt, dass der Gutachter nicht über die gebotene Fachkompetenz verfügt. Wer nicht einmal um eine Null-Hypothese weiß, der kann diese auch nicht anwenden. Bei der Überprüfung dieser Ergebnisse ist deshalb die besondere Kompetenz des Familienrichters und dessen kritische Würdigung gefragt.

Globale Einschätzung der Qualität auf Ebene der Gutachten und der Sachverständigen

Hier werden unabdingbare Qualitätsanforderungen überprüft. Anhand von fünf gestellten Fragen, wird festgestellt, dass der überwiegende Teil der Gutachten die Qualitätsanforderungen nicht erfüllt. Hier wird sich für den Familienrichter die Frage stellen, welche Qualitätsanforderungen nicht eingehalten worden sind und ob etwaige Defizite zu beheben sind.

Qualitätsmerkmale des Gutachters

In der Studie wird hervorgehoben, dass bis zu zehn Prozent aller Gutachter keine hinreichende Qualifikation aufweisen. Diese Erkenntnis deckt sich mit der Erfahrung der familiengerichtlichen Praxis.

Deshalb ist es gut, dass das Bundesministerium für Justiz und für Verbraucherschutz Ende Mai 2015 einen Gesetzentwurf auf den Weg gebracht hat. Auf diesen Referentenentwurf folgt nun der Gesetzentwurf der Bundesregierung vom 16. September 2015 (s. BMJV, 2015b). Nach der gegenwärtigen Rechtslage ist keinerlei berufliche Qualifikation erforderlich, um ein familienpsychologisches Gutachten zu erstellen. Das soll sich nach dem Entwurf der Bundesregierung durch die Neuregelung des § 163 Abs. 1 FamFG wie folgt ändern: „in Verfahren nach § 151 Nummer 1 bis 3 ist das Gutachten durch einen geeigneten Sachverständigen zu erstatten, der mindestens über eine psychologische, psychotherapeutische, kinder- und jugendpsychiatrische, psychiatrische, ärztliche, pädagogische oder sozialpädagogische Berufsqualifikation verfügen soll".

Zudem liegen jetzt definierte Mindestanforderungen für Gutachten in Kindschaftssachen vor. Diese sind gemeinsam von Ärzten, Psychotherapeuten, Psychologen und Juristen formuliert worden. Eine Expertenrunde, die es so noch nicht geben hat. Die Auftaktveranstaltung dieser Expertenrunde war am 8. Juli 2015 in Berlin, der Tag an dem die Hagener Studie im Bundesministerium der Justiz und für Verbraucherschutz vorgestellt worden ist. Nach fünf weiteren Treffen der Expertenrunde sind die Mindestanforderungen definiert worden. Bei den Mindestanforderungen handelt es sich um Empfehlungen. Sie wurden von Vertretern medizinischer, psychologischer und juristischer Fachverbände, der Bundesrechtsanwalts- und der Bundespsychotherapeutenkammer unter Begleitung des Bundesministeriums der Justiz und für Verbraucherschutz erarbeitet. Sie sollen allen am Verfahren Beteiligten die Nachvollziehbarkeit der Begutachtung erleichtern. Die im Anhang der Mindestanforderungen formulierten 23 Fragen dürften Fragen sein, die sich jeder Familienrichter stellen sollte (Arbeitsgruppe Familiengerichtliche Gutachten, 2015; Lüblinghoff, 2015).

6.3 Praxiskommentar aus anwaltlicher Sicht von RA'in Birgit von Stietencron

Birgit von Stietencron ist Fachanwältin für Familienrecht und Fachanwältin für Medizinrecht mit eigener Kanzlei in Oldenburg

Ein Kindschaftsverfahren muss nach der Rechtsprechung des Bundesverfassungsgerichts in seiner Ausgestaltung geeignet und angemessen sein, der Durchsetzung der materiellen Grundrechtspositionen [der betroffenen Eltern und Kinder] wirkungsvoll zu dienen. Zwar müsse, sagen Bundesverfassungsgericht und Europäischer Gerichtshof gleichermaßen, dem Richter überlassen bleiben, welchen Weg er im Rahmen der gesetzlichen Vorschriften für geeignet halte, um zu den für seine Entscheidung notwendigen Erkenntnissen zu gelangen. Die Fachgerichte seien in diesem Sinne verfassungsrechtlich nicht stets gehalten, ein Sachverständigengutachten einzuholen Wenn sie aber von der Beiziehung absähen, müssten sie anderweitig über eine möglichst zuverlässige Entscheidungsgrundlage verfügen, d. h. sämtliche Erkenntnismöglichkeiten

(z. B. Anhörung weiterer Kontaktpersonen) ausschöpfen und die Entscheidung durch eigene psychologische Fachkenntnis erläutern und darstellen.

Vor diesem Hintergrund berührt die Studie der Fernuniversität Hagen zur Qualität der psychologischen Gutachten insbesondere vier von vielen aus anwaltlicher Sicht verbesserungswürdigen Aspekten in sorge- und umgangsrechtlichen Verfahren:

Warum und wann erfolgt die Beauftragung des Gutachters

Tatsächlich schaffen es die Beteiligten des familiengerichtlichen Verfahrens, die Mehrzahl der Verfahren ohne psychologische Gutachten abzuschließen.

Bezweifelt werden muss allerdings, dass dies der geforderten „eigenen psychologischen Fachkenntnis" der Beteiligten zuzuschreiben ist.

Bis zur Beauftragung eines psychologischen Gutachters sind in den Verfahren üblicherweise zwei Anwälte, Vertreter des Jugendamtes, ein Verfahrensbeistand des Kindes/der Kinder sowie ein Richter auf der Suche nach der rechtlich wie psychologisch richtigen Lösung.

In der Regel hat keiner der Beteiligten vertiefte psychologische Kenntnisse.

Obgleich es die Weiterbildung zum „Fachanwalt für Familienrecht" seit 1995 gibt, darf jeder Rechtsanwalt ein familienrechtliches Mandat annehmen. Die Ausbildung beinhaltet keinen psychologischen Anteil, sie berührt insbesondere nicht die Frage, wie Gutachten im Kontext zu lesen und in ihrer Qualität zu beurteilen sind.

Der Anwalt ist im Übrigen Vertreter der Partei, die ihn bezahlt - ihre Interessen nimmt er vor allem wahr: Würde der Rechtsanwalt bei Annahme des Mandats den Mandanten darauf hinweisen, dass die Konflikte ihre Ursache eventuell auf der Paarebene haben und ein therapeutischer Prozess aus der Verstrickung eher heraus helfen könnte als ein familiengerichtliches Verfahren (Obsiegen und Unterliegen), wäre ein solcher Vorschlag in der Mehrzahl der Fälle mit einem Vertrauensverlust im Verhältnis Mandant/Rechtsanwalt verbunden. Der Mandant sucht und bekommt auch deswegen „Rückenstärkung" und keinen Anwalt, der ihm „in den Rücken fällt".

In der Regel gibt das Jugendamt eine ein- bis zweiseitige „fachliche" Stellungnahme über die Beteiligten ab. Oftmals werden nur die Eltern - aber nicht die Kinder - einbezogen. Jeder Bericht endet mit einer „Empfehlung von Seiten des Jugendamtes" zur Auflösung des Konflikts. Für die Mitarbeiter des Jugendamtes gilt, was ihre fachliche Qualifikation angeht, keine Vorgabe. Hier treten vor allem Sozialarbeiter und Sozialpädagogen - ohne jegliche Altersgrenze - auf: Es gibt keinen fachlich vorgegebenen Maßstab für die Evaluation – es fehlt jegliche Bezugnahme auf einen solchen Standard.

Den Kindern ist seitens des Gerichts ein Verfahrensbeistand an die Seite zu stellen. Eine fachliche Qualifikation des Verfahrensbeistandes wird nicht gefordert. Das führt dazu, dass oftmals Anwälte, Sozialarbeiter und sonstige Personen, die vom Gericht, warum auch immer, für „geeignet" gehalten werden und, böse formuliert aber leider allzu häufig wahr, mangels sonstiger Aufträge bereit sind, die Interessen der im Verfahren am meisten Betroffenen, der Kinder, zu vertreten. Viele Verfahrensbeistände haben eine vorgefasste und sehr persönliche Meinung darüber, wem denn aus grundsätzlichen Erwägungen das „Recht" zustehen sollte. Gerade die Beiträge der Verfahrensbeistände wären ein höchst lohnender, wenn auch trauriger Gegenstand einer qualitativen Untersuchung.

Die Problematik wird verschärft durch die Tatsache, dass Verfahrensbeistände durch die Parteien nicht abgelehnt werden können. Der vielleicht gut gemeinte Gedanke, den Kindern den „starken" Beistand nicht nehmen zu lassen, verkommt in der Praxis zu einer Schutznorm für unqualifizierte Vertreter „der Kinder". Alle Fehler der Verfahrensbeistände, auch im Kontakt mit den Familien, werden, weil sie sich in der Theorie mangels rechtlich fixierten Einflusses auf die Entscheidungen des Gerichts oftmals auswirken, grundsätzlich hingenommen.

Eine Weiterbildung zur Tätigkeit als „Familienrichter" gibt es nicht. Die Familienrichter müssen, wie allerdings viele Richter, in ihrer Mehrzahl nach dem alten juristischen Grundsatz arbeiten, dass ein Jurist „Alles" kann. Supervisionen sind nicht vorgesehen. Für Fachfragen steht ein Gutachter bereit.

Schon in der Theorie kollidieren hier (der zitierte) Anspruch der Verfassungsgerichte und die Praxis.

Ein Familienrichter hat Einfluss auf den gesamten Ablauf des Verfahrens: Verhält er sich fair und neutral den Eltern gegenüber oder aber befangen, überträgt also eigene Konflikte auf den Fall, lässt sich von Sympathien beeinflussen, folgt, ohne zu hinterfragen der Empfehlung des Jugendamtes oder des Verfahrensbeistandes, um das Verfahren schnell und „unbürokratisch" abschließen zu können? Üblicherweise gilt: Gibt er den Eltern Raum (und Zeit), über ihre Gefühle, Motive etc. sprechen zu können, fühlten sich die Beteiligten „menschlich verstanden oder sogar abgeholt": Dann sind die besten und nachhaltig funktionierenden Ergebnisse zu erwarten. Den Eltern wird dabei eventuell aufgezeigt, dass sie ihre Paarkonflikte auf der Elternebene austragen und dieses zu Lasten ihrer Kinder geht.

Wird der Streit zwischen den Eltern vor Gericht, wie leider häufig, oft in Verantwortung aller Verfahrensbeteiligten noch potenziert statt deeskaliert, kommt es entweder zu einer – hoch streitigen – Entscheidung des Richters aufgrund seiner eigenen Sachkenntnis und der Stellungnahmen von Jugendamt und Verfahrensbeistand oder aber zur Einholung eines Sachverständigengutachtens.

Das „Wie" der Beauftragung

Zwischen den Disziplinen, also zunächst der Justiz, den Anwälten, den Verfahrensbeiständen und den Jugendämtern besteht in einer Vielzahl von Verfahren eine geradezu babylonische Sprachverwirrung.

Die Richter beauftragen, wie in der Studie so treffend beschrieben, ohne juristisch korrekte Formulierung von Beweisfragen Gutachter, die ihrerseits die juristischen Vorgaben für familienrechtliche Verfahren dieser Art nicht kennen und dementsprechend nicht beachten. Schon durch diese fehlerhafte Fragestellung fällt eine Vielzahl entscheidungserheblicher Kriterien in der Praxis der Gutachten schlichtweg unter den Tisch. Sie sind in der Anhörung des Gutachters kaum wiederzubeleben, wird doch, mit guten praktischen Gründen, auch aber nicht allein von den Richtern ein allzu hartnäckiges Nachfragen der „unterliegenden" Partei als störend, weil zeitaufwendig und verwirrend, mithin „aggressiv" gesehen.

Ein sehr praktisches, fast in jedem Fall relevantes Beispiel für die Schwierigkeit der Findung einer gemeinsamen Sprache zwischen Juristen und Psychologen sei an dieser Stelle aus der Studie der FernUniversität entnommen. Dort wird dargestellt, wie der zentrale, aber unbestimmte Rechtsbegriff des Kindeswohls in der (psychologischen) Literatur mit unterschiedlichen Systematisierungs- und Klassifikationsvorschlägen beschrieben wird. Heiß und Castellanos definieren, wie andere Psychologen auch, Kindeswohlkriterien entsprechend der Vorgaben des Bundesverfassungsgerichts, hinterfragen also die dort formulierten Aspekte der Bindung des Kindes, des Willens des Kindes, der Förderkompetenzen der Eltern und ihrer individuellen Ressourcen, der Kontinuität und Stabilität der Beziehungen sowie schließlich der Bindungstoleranz und Konfliktfähigkeit der Eltern. Die Klassifikation von Westhoff, Terlinden-Arzt und Klüber versucht, aus fachlich durchaus nachvollziehbaren Erwägungen eine ähnliche, in der Terminologie aber abweichende Beschreibung. In der Praxis bedeutet das aber: Die Verwendung abweichender Terminologien zu zentralen Fragen wird, wie beschrieben, nicht aufgeklärt, sie verstärkt, unbenannt und unerkannt die Unordnung in einem argumentativen Nebeneinander der Beteiligten und einer Verstärkung subjektiver Tendenzen bzw. freier Interpretationen.

Das „Wie" des Gutachtens

Dem geschilderten Stand des Verfahrens und den geschilderten Vorgaben entsprechend und in der Studie auf das Trefflichste beschrieben entsteht eine Situation, in der Gutachter in freier Schöpfung des zugrunde gelegten Sachverhaltes ebenso wie in freier Herleitung von bestenfalls begrenzt nachvollziehbaren Kriterien zu Entscheidern werden:

Die Mehrzahl der Richter ergibt sich, auch dies wird in der Studie eindrucksvoll belegt, ohne jegliche Gegenwehr dem Ergebnis des Gutachtens.

Dabei wird die fortbestehende Sprachverwirrung von den Beteiligten selten als solche wahrgenommen. Sie wird vielmehr überspielt, bildet sich doch regelmäßig die Situation, dass die nach dem Gutachten unterlegene Partei in einer ansonsten zwischen Gutachter, Verfahrensbeistand und Jugendamt und Anwalt der „obsiegenden" Partei hergestellten Gemeinsamkeit als „der Friedensstörer" wahrgenommen wird. Schon der Verweis auf juristische Kriterien wird in einer Vielzahl der Fälle als störend wahrgenommen, umso mehr Fragen zum verwandten Instrumentarium bzw. gar Fragen, die die Qualität der Begutachtung infrage stellen könnten. Angesichts bereits erfolgter Festlegungen wird die Diskussion aus der Sicht gerade der weniger souveränen Gutachter persönlich genommen und verkommt zur Frage des Recht-Behaltens. Die schon in der Beauftragung zur Begutachtung gesetzten Fehler mangelnder rechtlicher bzw. psychologischer Kenntnisse der Beteiligten sowie der Mangel der Herstellung einer gemeinsamen Sprachebene wird dann, vielleicht weil er so offensichtlich ist, durch eine bedingungslose Akzeptanz der Aussagen des Gutachters überspielt.

Aus der Sicht des Anwalts wird es nicht hinreichen, die in der Studie so eindrucksvoll aufgezeigten Mängel der psychologischen Gutachten zu beseitigen.

Alle an dem Verfahren Beteiligten werden sich die Frage stellen (lassen) müssen, ob und inwieweit ihre Kompetenzen zur Führung eines solchen Verfahrens hinreichen.

Adäquate familiengerichtliche Verfahren in Kindschaftssachen wird es nach meiner Überzeugung erst dann geben, wenn die von allen Beteiligten zu beachtende fachliche Basis der am Verfahren Beteiligten so klar definiert wird, dass ihnen eine adäquate Auseinandersetzung mit den rechtlich fixierten Interessen der Beteiligten ebenso wie ggf. mit dem unter nachprüfbarer Beachtung rechtlicher wie psychologischer Vorgaben erstellten Gutachten möglich ist.

Nach meiner Einschätzung würde dies eine deutlich stärkere Reglementierung der Eingangsvoraussetzungen zur Ausübung der Tätigkeiten aller in diesem Verfahren Beteiligten durch den Gesetzgeber erfordern.

6.4 Praxiskommentar aus forensisch-wissenschaftlicher Sicht von Prof. Dr. Jérôme Endrass

Prof. Dr. Jérôme Endrass ist stellvertretender Leiter des Psychiatrisch-Psychologischen Dienstes im Amt für Justizvollzug des Kantons Zürich und leitet an der Universität Konstanz die Arbeitsgruppe Forensische Psychologie.

Die Meinung von Psychologinnen und Psychologen ist gefragt. Auch wenn international verlässliche Zahlen über die Anzahl von angefragten psychologischen Expertenbeurteilungen fehlen, zeigen Erfahrungen aus der klinischen und forensischen Praxis, dass immer mehr Stellungnahmen und Gutachten bei Psychologinnen und Psychologen in Auftrag gegeben werden.

Gutachten stellen in verschiedenen Kontexten ein Hilfsmittel dar, auf das sich Entscheidungsträger abstützen. So sieht der Gesetzgeber beispielsweise für im Maßregelvollzug untergebrachte Straftäter eine regelmäßige interne und externe Begutachtung vor – was angesichts steigender Unterbringungszahlen in den letzten 15 Jahren auch ein größeres Volumen an Begutachtungen bedingt (Statistisches Bundesamt, 2015, S. 127). Daneben entstehen durch sich verändernde gesetzliche Rahmenbedingungen neue Felder in der Begutachtung: Seit beispielsweise 2007 im Kanton Zürich ein Gesetz gegen Häusliche Gewalt in Kraft trat, müssen sich die Zürcher Organe der Strafverfolgung jährlich mit über 700 zusätzlichen Fällen beschäftigen. Dies hatte auch direkte Auswirkungen auf die Anzahl im Kontext von Häuslicher Gewalt in Auftrag gegebener professioneller Risikoabklärungen.

Die Hagener Gutachtenstudie

Ob Gutachten tatsächlich den qualitativen Ansprüchen genügen, die von Hilfsmitteln bei einschneidenden behördlichen Entscheiden erwartet werden dürfen, kann allerdings in Frage gestellt werden.

Gemäß Habermeyer, Passow, Puhlmann, und Vohs (2008) wiesen Gutachten, die zwischen 1991 und 2001 zur Anordnung der Sicherungsverwahrung geführt haben – also den größtmöglichen Eingriff in die persönliche Freiheit nach sich zogen – deutliche diagnostische und kriminalprognostische Schwächen auf. Im Bereich familienrechtlicher Gutachten zeichnet die vorliegende Arbeit von Salewski, Stürmer, Meyer und Meyer ein noch düsteres Bild als dies für forensische Schuld- und Prognosegutachten aufgezeigt wurde. So ist den bis heute vorliegenden empirischen Untersuchungen über die Qualität von familienrechtlichen Gutachten gemein, dass sie für die Gutachten einen Mangel an methodischen Mindestanforderungen ausweisen. Salewski et al. (2015) monieren zwar, dass bis heute nur wenige entsprechende Untersuchungen vorliegen und deren Aussagekraft vor dem Hintergrund methodischer Mängel begrenzt ist – weil die Gutachten in einem Zeitraum verfasst wurden, der dreißig Jahre zurückliegt (Werst & Hemminger, 1998, zitiert nach Salewski et al., (2015) oder nur kleine und verzerrte Stichproben untersucht worden (Leitner et al., 2000, zitiert nach Salewski et al., 2015). Dennoch verheißt der Umstand, dass es keine einzige belastbare Untersuchung gibt, die zum Schluss kommt, dass familienrechtliche Gutachten gewisse qualitative Mindestanforderungen erfüllen, nichts Gutes.

In ihrer eigenen Studie – der Hagener Gutachtenstudie – untersuchten Salewski et al. (2015) 116 familienrechtspsychologische Gutachten, die einer Vollerhebung in einem 2-Jahreszeitraum an vier Amtsgerichten entsprechen. Die Analyse der Qualität der Gutachten fokussiert auf vier „kriteriale Bereiche" (Stürmer et al. 2015, S. 30): Ob eine psychologische Frage formuliert, der Einsatz von Datenerhebungsverfahren begründet und die erzielten Ergebnisse methodenkritisch hinterfragt wurden sowie ob die methodische Qualität der Datenerhebung zufriedenstellend war. Das Ergebnis war ernüchternd: In weniger als der Hälfte der Gutachten (44%) wurde eine psychologische Frage formuliert, nur in knapp jedem sechsten Gutachten wurde die Auswahl der Verfahren begründet, in weniger als einem Viertel (14,5%) der Gutachten wurden für die Beantwortung der Fragestellung spezifische, evidenzbasierte Verfahren angewendet (22% von 85 Gutachten) und lediglich fünf Gutachten diskutierten die Anwendung dieser Instrumente methodenkritisch. Schon allein diese oberflächlichen Merkmale weisen darauf hin, dass familienrechtliche Gutachten deutliche formale Mängel aufweisen, die gemäß der Autorinnen und Autoren der Hagener Studie auch mit inhaltlichen Kriterien korrelieren (Salewski et al., 2015).

Validität von Prognosegutachten

Die Ergebnisse der Hagener Studie sind für das Gebiet der Rechtspsychologie als relevant einzustufen, wobei auch hier die Limitationen der Studie diskutiert werden müssen: Eine – von den Autoren auch selbst genannte Limitation – betrifft die unklare Repräsentativität der Ergebnisse für Deutschland. Diese Einschränkung stellt jedoch nicht die relevanteste Limitation dar. Bedeutsamer ist, dass die Hagener Studie vorwiegend formale und weniger inhaltliche Kriterien der Gutachten untersuchte. Ergebnisbezogene Kriterien, wie z. B. die Frage, ob gestützt auf das Gutachten eine Lösung gefunden wurde, die für das Kindswohl günstig ist, konnten von den Autorinnen und Autoren nicht berücksichtigt werden. Im Vordergrund standen Kriterien, die Bezug auf eine korrekte (wissenschaftliche) Vorgehensweise bei der Befunderhebung, -durchführung und -auswertung nehmen. Es ist kritisch zu hinterfragen, ob einer wissenschaftlich einwandfreien Methodik die herausragende Relevanz bei der Beurteilung der Qualität von Gutachten niedergelassener Psychologinnen und Psychologen zukommen sollte, oder ob sie realistischerweise eher als ein „theoretisches wissenschaftliches Ideal" angesehen werden muss. Dass die Praxis der Theorie mitunter nicht gerecht wird, lässt sich

121

am Beispiel standardisierter Instrumente zur Beurteilung des Rückfallrisikos erläutern, deren Einsatz im Rahmen von Prognosegutachten als „state of the art" gilt. Eine aktuelle Untersuchung, die das methodische Design von Validierungsstudien zu drei etablierten Risk-Assessment Instrumenten systematisch untersuchte, konnte aufzeigen, dass die Instrumente durchgängig falsch angewendet wurden (Rossegger et al., 2013). Keine einzige der 84 Validierungsstudien untersuchte das Instrument so, das auf eine korrekte Anwendung der Verfahren und Interpretation der Ergebnisse hätte geschlussfolgert werden können. Gleichwohl wurden die Studien in angesehen psychologischen Fachzeitschriften mit Peer Review veröffentlicht. Wenn sich somit selbst Wissenschaftlerinnen und Wissenschaftler nicht streng an methodischen Kriterien ausrichten, verwundert es nicht, dass Klinikerinnen und Kliniker diese Qualitätsstandards nicht durchgängig einhalten. Selbstverständlich macht eine falsche Anwendung der Verfahren durch Wissenschaftlerinnen und Wissenschaftler die falsche Anwendung durch niedergelassene Gutachterinnen und Gutachter nicht wirklich besser – schon gar nicht für die untersuchte Person. Es ist allerdings fraglich, ob ein Kriterium geeignet ist die Qualität von Gutachten zu überprüfen, wenn in verschiedenen Kontexten aufgezeigt wurde, dass das Kriterium weder von Wissenschaftlern noch von Klinikern perfekt adressiert wird.

Aber selbst, wenn die Relevanz einer strengen Einhaltung wissenschaftlicher Standards nicht in Frage gestellt wird, ist es fraglich, ob Untersuchungen zur Qualität von Gutachten auf die Überprüfung des zu beurteilenden Kriteriums verzichten können. Gutachten stellen eine Form einer schriftlichen Stellungnahme dar, die mehr oder weniger komplexe Fragen eines Auftraggebers beantwortet, der gestützt auf diese Antworten entscheidet bzw. interveniert. Damit ein Gutachten als valide eingestuft werden kann, muss der Sachverhalt valide von den Sachverständigen erfasst worden sein, das Ergebnis des Gutachtens korrekt vom Auftraggeber rezipiert werden und sich dazu eignen, den Entscheidungsprozess des Auftraggebers soweit zu unterstützen, dass ein zufriedenstellendes Ergebnis (z. B. angemessene Unterbringung eines Straftäters oder Rückfallfreiheit) erzielt wird. Wie groß die Herausforderung ist, Risiken zu kommunizieren und eine angemessene Rezeption und Verarbeitung durch den Auftraggeber sicherzustellen, zeigen Studien aus dem Bereich der Risiko-Kommunikationsforschung (z. B. Slovic, Monahan, & MacGregor, 2000).

Neue Ansätze zur Untersuchung der Validität von Gutachten

Gutachten dienen keinem Selbstzweck, sondern stellen ein Hilfsmittel dar, um ein übergeordnetes Ziel zu erreichen. Bei Prognosegutachten steht selbstverständlich die adäquate Beurteilung des Rückfallrisikos im Vordergrund. Selbst nach wissenschaftlichen Kriterien einwandfrei formulierte Gutachten erfüllen nur dann ihren Zweck, wenn die Gutachten im Ergebnis spezifische Risiken erkennen und dadurch Rückfälle vermieden werden können. Und genau diese Nützlichkeit von Gutachten gilt es in Validitätsuntersuchungen aufzuzeigen.

Einen zentralen Anstoß für die Untersuchung der Nützlichkeit von durch Psychologinnen und Psychologen und Psychiaterinnen und Psychiatern erstellten Risikobeurteilungen gab 1966 der Entscheid des US-amerikanischen Bundesgerichts zugunsten von Johnny Baxtrom, einem Patienten einer forensisch-psychiatrischen Einrichtung, der gegen seine Sicherungsverwahrung geklagt hatte. Im Nachgang an dieses Urteil wurden hunderte forensische Patienten in die Freiheit entlassen und somit die Rahmenbedingungen für die Untersuchung der Qualität prognostischer Einschätzungen in einem naturalistischen Untersuchungsdesign geschaffen. Studien, die die Legalbewährung dieser „Baxtrom"-Population untersuchten (z. B. Cocozza & Steadman, 1974; Steadman, 1973; Steadman & Cocozza, 1973) stellten forensischen Risikobeurteilungen ein schlechtes Zeugnis aus. Diese Studien standen am Anfang einer Kette weiterführender Untersuchungen, die letztendlich zur Entwicklung standardisierter Risk-Assessment Instrumente führte, deren überlegene Zuverlässigkeit gegenüber der unstrukturierten Risikobeurteilung wiederholt aufgezeigt wurde (z. B. Hanson & Morton-Bourgon, 2009) und deren Einsatz in den Katalog der Mindestanforderung für Prognosegutachten aufgenommen wurde (z. B. Boetticher et al., 2007).

Aus heutiger Sicht wäre es wünschenswert, neue methodische Wege zu bestreiten, um die Nützlichkeit von Gutachten zu untersuchen: Aus wissenschaftlicher Perspektive würde sich beispielsweise ein Design empfehlen, bei dem Richterinnen und Richter nach dem Zufallsprinzip Aufträge für Prognosegutachten an mindestens zwei unterschiedliche Gruppen von Sachverständigen geben, wobei eine der Gruppen ihre Gutachten nach strengen wissenschaftlichen Kriterien verfasst. Im Rahmen einer Katamnese sollte dann der Frage nachgegangen werden, welche Gutachten vom Auftraggeber besser verstanden wurden und in welcher Sachverständigen-Gruppe die beurteilten Straftäterinnen und Straftäter geringere Rückfallraten aufwiesen.

Wenngleich im Kontext von Interventionen bei Straftätern Studien mit einem solchen randomisierten Kontrollgruppen-Design angesichts von Hürden in der praktischen Durchführung (Marshall & Marshall, 2007) noch rar sind, weisen eine Reihe von kürzlich erschienen Untersuchungen zur Effizienz von Interventionen auf das Potenzial dieses Untersuchungsdesigns hin (z. B. Borduin, 2009). Da Gutachten letztlich auch eine Form einer psychologischen Intervention darstellen, reicht somit eine Untersuchung formaler Kriterien nicht aus, sondern es sind methodische Designs gefordert, die der Relevanz der Intervention gerecht werden.

Dennoch; dass in der Hagener Studie eine Untersuchung des Kriteriums nicht möglich war, schmälert zum gegenwärtigen Zeitpunkt nicht die Relevanz der Befunde. Sollten die Ergebnisse anhand einer größeren und für Deutschland repräsentativen Stichprobe repliziert werden können, würde dies eine sehr relevante Problematik in einem Bereich aufzeigen, der gemäß den Autorinnen und Autoren mit jährlich immerhin 10'000 Gutachten schon nur in ihrem Ausmaß bedeutsam ist und für die betroffenen Familien im Einzelfall sehr große Auswirkungen nach sich zieht. Die Forderung, dass künftig definierte formale Mindestanforderungen eingehalten werden sollten, indem z. B. die Ausbildung der Gutachterinnen und Gutachter intensiviert wird und Auftraggeber die Qualität der Gutachten kritischer prüfen, ist die zu erwartende Konsequenz der Studie. Die Einhaltung formaler Mindestanforderungen kann aber nur den ersten Schritt darstellen. Letztlich geht es darum, dass psychologische Gutachten nicht nur formal korrekt, sondern auch valide sind – und zwar in den verschiedenen Facetten des Validitätkonstruktes. Sonst besteht die Gefahr, dass eine vergleichbare Entwicklung einsetzt, wie dies im Bereich der Prognosegutachten zu beobachten war: „Während bei der Gutachtenanalyse kaum noch formale Defizite aufgefallen sind, bestehen inhaltliche (diagnostische und kriminalprognostische) Mängel fort." (Habermeyer et al., 2008, S. 676).

7 Schlusswort

Die vier Kommentare machen unterschiedliche Perspektiven auf die Forschungsergebnisse deutlich und skizzieren deren Nutzen und ihre Grenzen für das jeweilige Berufsfeld. Alle Kommentare weisen auch auf notwendige Richtungen für die zukünftige Forschung hin (z. B. das Erfordernis von prognostischen Studien, die Ausweitung von Qualitätsuntersuchungen auf die schriftlichen Stellungnahmen anderer Verfahrensbeteiligter wie z. B. Verfahrensbeiständen).

Die intensive Diskussion über die Qualität familienrechtspsychologischer Gutachten in den beteiligten Fachwissenschaften und Berufsgruppen, zu der auch unsere Studie einen Beitrag geleistet hat, hat erste Früchte getragen: Zur Zeit der Abfassung dieses Schlussworts im September 2015 haben Vertreter/innen juristischer, psychologischer und medizinischer Fachverbände, der Bundesrechtsanwalts- und der Bundespsychotherapeutenkammer unter Begleitung des Bundesministeriums der Justiz und für Verbraucherschutz (BMJV) einen Katalog von ‚Mindestanforderungen an Gutachten im Kindschaftsrecht' vorgelegt (Arbeitsgruppe Familienrechtliche Gutachten, 2015). Die Kriterien, die wir in unserer Studie angelegt haben – (a) wissenschaftliche Herleitung psychologischer Fragen, (b) die (an den Fragen d. h. am Einzelfall orientierte) wissenschaftliche Begründung der Auswahl der Datenerhebungsverfahren, (c) die psychometrische Qualität der datenerhebungsverfahren und (d) die methodenkritische Interpretation – werden darin als zentrale diagnostisch-methodische Mindestanforderungen formuliert, die im schriftlichen Gutachten notwendigerweise darzulegen sind.

Die nun veröffentlichten Empfehlungen stellen zwar keine Kriterien für die Überprüfung einer Gerichtsentscheidung im Sinne rechtlich verbindlicher Mindeststandards dar. Trotzdem gehen die beteiligten Vertreterinnen und Vertreter davon aus, dass sie in der Rechtsanwendung und Gutachtenpraxis Berücksichtigung finden werden. Ob dies tatsächlich so ist, lässt sich erst im Laufe der nächsten Jahre einschätzen. Für eine solche Einschätzung sind weitere systematische Studien zur Prüfung der Qualität von Gutachten erforderlich, die zeitlich nach der Veröffentlichung dieser Mindeststandards verfasst wurden. Wir hoffen, dass wir durch diese Publikation deutlich machen konnten, wie hoch der Nutzen von wissenschaftlichen Studien zur Prüfung von Qualitätsstandards für die Weiterentwicklung von Standards in der Berufspraxis ist. Wir sehen den Ergebnissen zukünftiger Studien zu diesem Thema daher mit großem Interesse entgegen.

Literatur

Ainsworth, M. D. S. & Bell, S. M. (1970). Attachment, exploration, and separation: Illustrated by the behavior of one-year-olds in a strange situation. *Child Development, 41,* 49–67.

Ainsworth, M. D. S., Blehar, M. C., Waters, E. & Wall, S. (1978). *Patterns of attachment: A psychological study of the strange situation.* Hillsdale, NJ: Erlbaum.

Arbeitsgruppe Deutsche Child Behavior Checklist. (1998a). *Elternfragebogen über das Verhalten von Kindern und Jugendlichen; deutsche Bearbeitung der Child Behavior Checklist (CBCL/4–18). Einführung und Anleitung zur Handauswertung mit deutschen Normen, bearbeitet von M. Döpfner, J. Plück, S. Bölte, K. Lenz, P. Melchers & K. Heim.* (2. Aufl.). Köln: Arbeitsgruppe Kinder-, Jugend und Familiendiagnostik (KJFD).

Arbeitsgruppe Deutsche Child Behavior Checklist. (1998b). *Fragebogen für Jugendliche; deutsche Bearbeitung der Youth Seif-Report Form der Child Behavior Checklist (YSR). Einführung und Anleitung zur Handauswertung mit deutschen Normen, bearbeitet von M. Döpfner, J. Plück, S. Bölte, K. Lenz, P. Melchers & K. Heim* (2. Aufl.). Köln: Arbeitsgruppe Kinder-, Jugend- und Familiendiagnostik (KJFD).

Arbeitsgruppe Familienrechtliche Gutachten. (2015). *Mindestanforderungen an die Qualität von Sachverständigengutachten im Kindschaftsrecht.* Berlin: Deutscher Psychologen Verlag. Zugriff am 12.10.2015 unter http://www.bdp-verband.org/bdp/archiv/mindestanforderungen.pdf.

Arntzen, F. (1994). *Elterliche Sorge und Umgang mit Kindern.* München: Beck.

Balloff, R. (1994). Zur psychologischen Diagnostik und Intervention des psychologischen Sachverständigen in Familiensachen bei den Vormundschafts- und Familiengerichten. Bestandsaufnahme der Perspektiven. *Zentralblatt für Jugendrecht, 81,* 218–224.

Balloff, R. & Wagner, W. (2010). Einvernehmenorientiertes Vorgehen in der Sachverständigenschaft nach dem FamFG. *Familie Partnerschaft Recht, 16,* 38–43.

Bartholomew, K. & Horowitz, L. M. (1991). Attachment styles among young adults: A test of a four-category model. *Journal of Personality and Social Psychology, 61,* 226–244.

Baumgärtel, F. (2009). Methodenkritische Stellungnahmen in der Familienrechtsbegutachtung. In S. Dauer, R. Doberenz, C. Orth & G. Teichert (Hrsg.), *Rechtspsychologie zwischen Justiz, Politik und Medien* (S. 55–68). Lengerich: Pabst.

Bein, N., Friedrich, M.H., Klicpera, C. & Völkl-Kernstock, S. (2008). Sachverständiger Umgang mit Sorgekriterien und Erwartungen von lösungsorientierter Begutachtung aus der Perspektive österreichischer Familienrichter. *Praxis der Kinderpsychologie und Kinderpsychiatrie, 57*, 117–129.

Bellak, L. & Bellak, S. S. (1955). *CAT. Der Kinder-Apperzeptions-Test.* Göttingen: Hogrefe.

Bergau, B. & Walper, S. (2011). Diagnostik und einvernehmenorientiertes Vorgehen im familiengerichtlichen Verfahren nach § 163 Abs. 2 FamFG. *Praxis der Rechtspsychologie, 21*, 207–228.

BMJV. (2015a). *RefE: Gesetz zur Änderung des Sachverständigenrechts und zur weiteren Änderung des Gesetzes über das Verfahren in Familiensachen und in den Angelegenheiten der freiwilligen Gerichtsbarkeit.* Zugriff am 06.08.2015 unter http://www.bmjv.de/SharedDocs/Downloads/DE/pdfs/Gesetze/RefE_Sachverstaendigenrat.pdf.

BMJV. (2015b). *Pressemitteilung: Neuausrichtung des Sachverständigenrechts.* Zugriff am 23.09.2015 unter http://www.bmjv.de/SharedDocs/Pressemitteilungen/DE/2015/20150916_Neuausrichtung_des_Sachverstaendigenrechts.html.

Boehme-Neßler, V. (2014). Prekäre Balance: Überlegungen zum heiklen Verhältnis von Richtern und Gutachtern. Rechtswissenschaft. *Zeitschrift für rechtswissenschaftliche Forschung, 2*, 189–227.

Boetticher, A., Nedopil, N., Bosinski, H. A. G. & Saß, H. (2007). Mindestanforderungen für Schuldfähigkeitsgutachten. *Forensische Psychiatrie, Psychologie, Kriminologie, 1*, 3–9.

Boetticher, A., Kröber, H.-L., Müller-Isberner, R., Böhm, K. M., Müller-Metz, R. & Wolf, T. (2007). Mindestanforderungen für Prognosegutachten. *Forensische Psychiatrie, Psychologie, Kriminologie, 2*, 90–100.

Boerner, K. (2004). *Das psychologische Gutachten. Ein praktischer Leitfaden.* Weinheim: Beltz.

Borduin, C. M. (2009). A randomized clinical trial of multisystemic therapy with juvenile sexual offenders: Effects on youth social ecology and criminal activity. *Journal of Consulting and Clinical Psychology, 77*, 26–37.

Borkenfeld, I. (2014). *Qualität von Herleitung, Inhalt und Aufbau psychologischer Fragestellungen in familienrechtlichen Gutachten* (Nicht veröffentlichte Masterarbeit). Hagen: FernUniversität.

Bortz, J. & Döring, N. (2006). *Forschungsmethoden und Evaluation für Human- und Sozialwissenschaftler.* Heidelberg: Springer.

Bowlby, J. (1982). *Attachment and loss: Vol. 1. Attachment.* New York, NY: Basic Books. (Original work published 1969.)

Brähler, E., Holling, H., Leutner, D. & Petermann, F. (Hrsg.). (2002) *Brickenkamp Handbuch psychologischer und pädagogischer Tests*. Göttingen: Hogrefe.

Brem-Gräser, L. (1995). *Familie in Tieren*. München: Reinhardt.

Bretherton, I. (1990). Communication patterns, internal working models and the intergenerational transmission of attachment relationships. *Infant Mental Health Journal, 11*, 237–251.

Brickenkamp, R. (1994). *Test d2 - Aufmerksamkeits-Belastungs-Test*. Göttingen: Hogrefe.

Brosat, H. & Tötemeyer, N. (2007). *Der Mann-Zeichen-Test nach Hermann Ziller*. Münster: Aschendorff.

Castellanos, H. A. & Hertkorn, C. (2014). *Psychologische Sachverständigengutachten im Familienrecht*. Baden-Baden: Nomos.

Cocozza, J. J. & Steadman, H. J. (1974). Some refinements in the measurement and prediction of dangerous behavior. *American Journal of Psychiatry, 131*, 1012–1014.

Crowell, J. A. & Treboux, D. (1995) A review of adult attachment measures: Implications for theory and research. *Social Development, 4*, 294–327.

Deegener, G., Spangler, G., Körner, W. & Becker, N. (2009). *EBSK. Eltern-Belastungs-Screening zur Kindeswohlgefährdung. Deutsche Form des Child Abuse Potential Inventory (CAPI) by Joel S. Milner*. Göttingen: Hogrefe.

Dettenborn, H. (2003). Die Beurteilung der Kindeswohlgefährdung als Risikoentscheidung. *Familie Partnerschaft Recht, 6*, 293–299.

Dettenborn, H. (2008). Kindeswohl. In R. Volbert & M. Steller (Hrsg.), *Handbuch der Rechtspsychologie* (S. 574–582). Göttingen: Hogrefe.

Dettenborn, H. (2014). *Kindeswohl und Kindeswille*. München: Reinhardt.

Dettenborn, H. & Walter, E. (2002). *Familienrechtspsychologie*. München: Reinhardt.

DGPs & BDP. (1999). Ethische Richtlinien der Deutschen Gesellschaft für Psychologie e. V. und des Berufsverbandes Deutscher Psychologinnen und Psychologen e. V. Zugriff am 31.08.2015 unter http://www.bdp-verband.org/bdp/verband/clips/BDP_Ethische_Richtlinien_2005.pdf.

DGPs-Arbeitsgruppe „Qualitätsstandards für psychodiagnostische Gutachten" im Auftrag der Deutschen Gesellschaft für Psychologie. (2011). *Qualitätsstandards für psychologisch-diagnostische Gutachten*. Zugriff am 15.03.2015 unter https://www.dgps.de/_download/2011/Qualitaetskriterien_Gutachten.pdf.

Dürr, H.-P. & Dürr-Aguilar, Y. (2012). *KiMiss-Studie 2012. Datenbericht*. Tübingen: Eberhard Karls Universität.

Düss, L. (1964). *Fabelmethode. Heft 4 der Studie zur diagnostischen Psychologie.* Biel: Institut für Psychohygiene.

Fichtner, J. (2015a). „Seriöser Anzug oder Matschhose?". Zur Diskussion um die Qualität familienpsychologischer Gutachten – Teil 1. *Zeitschrift für Kindschaftsrecht und Jugendhilfe*, 9–14.

Fichtner, J. (2015b). „Seriöser Anzug oder Matschhose?". Zur Diskussion um die Qualität familienpsychologischer Gutachten – Teil 2. *Zeitschrift für Kindschaftsrecht und Jugendhilfe*, 67–71.

Fisseni, H.-J. (2004). *Lehrbuch der psychologischen Diagnostik* (3., überarb. u. erw. Aufl.). Göttingen: Hogrefe.

Föderation Deutscher Psychologenvereinigungen. (1994). *Richtlinien für die Erstellung psychologischer Gutachten.* Bonn: Deutscher Psychologen Verlag.

Frederichs, J. (2010). Gutachten müssen nachvollziehbar sein. *Report Psychologie, 34*, 344.

Gehrmann, J. (2008). Begutachtungen im Sorge- und Umgangsrecht. Aktuelle Herausforderungen aus kinder- und jugendpsychiatrischer Sicht. *Recht & Psychiatrie, 26*, 89–101.

Gloger-Tippelt, G. & König, L. (2009). *Bindung in der mittleren Kindheit. Das Geschichtenergänzungsverfahren zur Bindung. Ein Arbeitsbuch.* Weinheim: Beltz.

Graumann, C. F. (1966). Grundzüge der Verhaltensbeobachtung. In E. Meyer (Hrsg.), *Fernsehen in der Lehrerbildung* (S. 86–107). München: Manz.

Greve, W. & Wentura, D. (1997). *Wissenschaftliche Beobachtung. Eine Einführung.* Weinheim: Psychologie Verlags Union.

Grossmann, K. & Grossmann, K. E. (2012). *Bindung - das Gefüge psychischer Sicherheit.* Stuttgart: Klett-Cotta.

Habermeyer, E., Passow, D., Puhlmann, P. & Vohs, K. (2008). Die Massregel der Sicherungsverwahrung: empirische Befunde zu den Insassen und der psychiatrischen Gutachtenpraxis. *Fortschritte der Neurologie, Psychiatrie, 76*, 672–677.

Hank, P. & Schwenkmezger, P. (2003). Das Minnesota Personality Inventory-2 (MMPI). Testbesprechung im Auftrag des Testkuratoriums. *Report Psychologie, 28*, 294–303.

Hanson, R. K. & Morton-Bourgon, K. E. (2009). The accuracy of recidivism risk assessments for sexual offenders: A meta-analysis of 118 prediction studies. *Psychological Assessment, 21*, 1–21.

Häßler, F. & Fegert, J. (2000). *Qualität forensischer Begutachtung, insbesondere bei Jugenddelinquenz und Sexualstraftaten.* Herbolzheim: Centaurus.

Hathaway, S. R., McKinley, J. C. & Engel, R. R. (Hrsg.). (2000). *Manual zum Deutschen MMPI-2.* Göttingen: Huber.

Hédervári-Heller, É (2012). Bindung und Bindungsstörung. In M. Cierpka (Hrsg.), *Frühe Kindheit 0–3* (S. 57–67). Berlin: Springer.

Heiß, H. & Castellanos, H. A. (2013). *Gemeinsame Sorge und Kindeswohl nach neuem Recht.* Baden-Baden: Nomos.

Hofmann, V. (2001). Psychometrische Qualitäten des Adult Attachment Interviews. In G. Gloger-Tippelt (Hrsg.), *Bindung im Erwachsenenalter. Ein Handbuch für Forschung und Praxis* (S. 121–153). Bern: Huber.

Hommers, W. (2008). Mindeststandards bei der Durchführung testpsychologischer Untersuchungen im familienrechtlichen Verfahren. *Familie Partnerschaft Recht, 6*, 294–297.

Hommers, W. (2009). *SURT Sorge- und Umgangsrechtliche Testbatterie.* Göttingen: Hogrefe.

Hommers, W. (2014). Anmerkungen zu dem „Untersuchungsbericht I" über „Qualitätsmerkmale in der Familienrechtspsychologischen Begutachtung". *Praxis der Rechtspsychologie, 24*, 477–490.

Ireland, J. (2012). *Evaluating expert witness psychological reports: Exploring quality.* Zugriff am 31.08.2015 unter http://www.ccats.org.uk/images/Expert%20 Witness.pdf.

Jacob, A. (2014). *Interaktionsbeobachtungen von Eltern und Kind. Methoden – Indikation und Anwendung. Ein Praxishandbuch.* Stuttgart: Kohlhammer.

Jäger, R. S. (2006). Diagnostischer Prozess. In F. Petermann & M. Eid (Hrsg.), *Handbuch der Psychologischen Diagnostik* (S. 89–96). Göttingen: Hogrefe.

Jopt, U. & Behrend, K. (2006). Wem nützen entscheidungsorientierte Gutachten im Familienrecht? - Plädoyer für eine neue Rolle der Psychologie im Familienrecht. In T. Fabian & S. Nowara (Hrsg.), *Neue Wege und Konzepte in der Rechtspsychologie.* Band 3. Berlin: LIT Verlag.

Jordan, B. & Gresser, U. (2014). Wie unabhängig sind Gutachter? Ergebnisse einer Befragung unter 548 medizinischen und psychologischen Sachverständigen in Bayern 2013. *Der Sachverständige, 41*, 71–83.

Julius, H., Gasteiger-Kiicpera, B. & Kißgen, R. (Hrsg.) (2009). *Bindung im Kindesalter. Diagnostik und Interventionen.* Göttingen: Hogrefe.

Kindler, H., Lillig, S., Blüml, H. & Werner, A. (2006). *Handbuch Kindeswohlgefährdung nach § 1666 BGB und Allgemeiner Sozialer Dienst (ASD).* München: Deutsches Jugendinstitut.

Kiphard, E. J. (2006). *Wie weit ist ein Kind entwickelt? Eine Anleitung zur Entwicklungsüberprüfung.* Dortmund: Verlag modernes lernen.

Klüber, A. (1998). *Psychologische Gutachten für das Familiengericht. Eine empirische Untersuchung über Nachvollziehbarkeit und Verständlichkeit des diagnostischen Prozesses sowie ausgewählte Aspekte des Kindeswohls.* Lengerich: Pabst.

Krippendorff, K. (2010). Krippendorff's alpha. In N. Salkind (Ed.), *Encyclopedia of research design* (pp. 669–674). Thousand Oaks, CA: Sage.

König, C., Schnoor, K., Auer, U., Rebernig, E., Schläfke, D. & Fegert, J. M. (2005). Modellprojekt forensisch-psychiatrischer Gutachtertätigkeit in Mecklenburg-Vorpommern bei Sexualdelikten. Qualitätsanalyse unter besonderer Berücksichtigung der Prognose. In D. Schläfke, F. Häßler & J. M. Fegert (Hrsg.), *Sexualstraftaten. Forensische Begutachtung, Diagnostik und Therapie* (S. 57–76). Stuttgart: Schattauer.

Lim, K., Corlett, L., Thompson, L., Law, J., Wilson, P., Gillberg, C. & Minnis, H. (2010). Measuring attachment in large populations: A systematic review. *Educational & Child Psychology, 27,* 22–32.

Leitner, W. G. (2000). Zur Mängelerkennung in familienpsychologischen Gutachten. *Familie und Recht, 2,* 57–63.

Leitner, W. (2013). Parental Alienation Syndrome als Forschungsgegenstand der Heil- und Sonderpädagogik im internationalen Vergleich. In P. Sehrbrock, A. Erdélyi & S. Gand (Hrsg.), *Internationale und Vergleichende Heil- und Sonderpädagogik und Inklusion* (S. 68–75). Bad Heilbrunn: Julius Klinkhardt.

Lüblinghoff, J. (2015). „Berliner Tabelle" für das Sorgerecht? *Deutsche Richterzeitung, 93,* 336–337.

Kraft, U., Köhler, D. & Hinrichs, G. (2008). *Risiko- und Schutzfaktoren bei Jugendlichen mit schwerwiegenden Gewaltdelikten. Eine vergleichende Analyse von Tötungs-, Sexual- und Gewaltdelinquenten.* Frankfurt: Verlag für Polizeiwissenschaft.

Krohne, H. W. & Hock, M. (2007). *Psychologische Diagnostik. Grundlagen und Anwendungsfelder.* Stuttgart: Kohlhammer.

Main, M., Kaplan, N. & Cassidy, J. (1985). Security in infancy, childhood, and adulthood: A move to the level of representation. In I. Bretherton & E. Waters (Eds.), *Growing points in attachment theory and research. Monographs of the Society for Research in Child Development, 50* (pp. 66–106). Chicago/IL: Chicago University Press.

Marshall, W. L. & Marshall, L. E. (2007). The utility of the random controlled trial for evaluating sexual offender treatment: The gold standard or an inappropriate strategy? *Sexual Abuse, 19,* 175–191.

Martindale, D. A. (2007). Setting standards for custody evaluators. *The Journal of Psychiatry & Law, 35,* 173–199.

Meyer, J. (2014). *Aktenanalysen in der familienrechtspsychologischen Begutachtung* (Nicht veröffentlichte Masterarbeit). Hagen: FernUniversität.

Oberloskamp, H. (2012). Ausgewählte kinder- und jugendbezogene Rechtsvorschriften. In W. Thole (Hrsg.), *Grundriss Soziale Arbeit* (S. 883–898). Wiesbaden: VS Verlag für Sozialwissenschaften.

Petermann, F. (1997). Familie in Tieren - Die Familiensituation im Spiegel der Kinderzeichnung. *Zeitschrift für Differentielle und Diagnostische Psychologie, 18,* 90–92.

Proyer, R. T. & Ortner, T. M. (2010). *Praxis der psychologischen Gutachtenerstellung. Schritte vom Deckblatt bis zum Anhang.* Bern: Huber.

Rohmann, J. A. (2008). Diagnostische und methodische Standards in der familien-psychologischen Begutachtung unter Beachtung der methodenkritischen Stellungnahme. *Familie Partnerschaft Recht, 6,* 268–274.

Rossegger, A., Gerth, J., Seewald, K., Urbaniok, F., Singh, J. P. & Endrass, J. (2013). Current obstacles in replicating risk assessment findings: A systematic review of commonly used actuarial instruments. *Behavioral Sciences and the Law, 31,* 154–164.

Rotermann, I., Köhler, D. & Hinrichs, G. (2009). *Legalbewährung von jugendlichen und heranwachsenden Sexual- und Gewaltstraftätern.* Frankfurt: Verlag für Polizeiwissenschaft.

Salewski, C. & Stürmer S. (2015). Qualität familienrechtspsychologischer Gutachten. Eine aktuelle empirische Studie. *Zeitschrift für Kindschaftsrecht und Jugendhilfe, 1/2015,* 4–14.

Salzgeber, J. (2008). Entzug der elterlichen Sorge. In R. Volbert & M. Steller (Hrsg.), *Handbuch der Rechtspsychologie* (S. 542–552). Göttingen: Hogrefe.

Salzgeber, J. (2009). Neueste Entwicklung zur lösungsorientierten Familienrechtsbegutachtung. In S. Dauer, R. Doberenz, C. Orth & G. Teichert (Hrsg.), *Rechtspsychologie zwischen Justiz, Politik und Medien* (S. 238–256). Lengerich: Pabst.

Salzgeber, J. (2011). *Familienpsychologische Gutachten.* München: Beck.

Salzgeber, J., Bergau, B. & Fichtner, J. (2011). Lösungsorientierte Begutachtung bei Hochkonfliktfamilien. In S. Walper, J. Fichtner & K. Normann (Hrsg.), *Hochkonflikthafte Trennungsfamilien. Forschungsergebnisse, Praxiserfahrungen und Hilfen für Scheidungseltern und ihre Kinder* (S. 173–188). Weinheim: Beltz Juventa.

Salzgeber, J. & Stadler, M. (1990). *Familienpsychologische Begutachtung.* München: Psychologie Verlags Union.

Scheiwe, K. (2013). Das Kindeswohl als Grenzobjekt – die wechselhafte Karriere eines unbestimmten Rechtsbegriffs. In R. Hörster, S. Köngeter & B. Müller (Hrsg.), *Grenzobjekte. Soziale Welten und ihre Übergänge* (S. 209–231). Wiesbaden: VS Verlag für Sozialwissenschaften.

Schläfke, D., Häßler, F. & Fegert, J. M. (2005). *Sexualstraftaten. Forensische Begutachtung, Diagnostik und Therapie.* Stuttgart: Schattauer.

Schmidt-Atzert, L. & Amelang, M. (2012). *Psychologische Diagnostik.* Berlin: Springer.

Schmidt-Atzert, L., Kersting, M., Preckel, F., Westhoff, K. & Ziegler, M. (2012). Zum Stand der Psychologischen Diagnostik. *Psychologische Rundschau, 63*, 167–174.

Schneewind, K. A. (2010). *Familienpsychologie.* Stuttgart: Kohlhammer.

Schwabe-Höllein, M., Kindler, H. & August-Frenzel, P. (1997). Der Bindungsaspekt von Eltern-Kind Beziehungen: Forschungsstand und Anwendung in der familienpsychologischen Begutachtung. *Praxis der Rechtspsychologie, 7,* 6–21.

Schwarz, B. (2011). *Die Verteilung der elterlichen Sorge aus erziehungswissenschaftlicher und juristischer Sicht.* Wiesbaden: VS Verlag für Sozialwissenschaften.

Shmueli-Goetz, Y., Target, M., Fonagy, P. & Datta, A. (2008). The Child Attachment Interview: A psychometric study of reliability and discriminant validity. *Developmental Psychology, 44,* 939–956.

Slovic, P., Monahan, J. & MacGregor, D. G. (2000). Violence risk assessment and risk communication: the effects of using actual cases, providing instruction and employing probability versus frequency formats. *Law and human behavior, 243,* 271–296.

Spinath, F. M. & Becker, N. (2011). Verhaltensbeobachtung. In L. F. Hornke, M. Amelang & M. Kersting (Hrsg.), *Enzyklopädie der psychologischen Diagnostik. Methoden der psychologischen Diagnostik* (S. 326–369). Göttingen: Hogrefe.

Staabs, G. von (1964). *Der Scenotest* (3. Aufl.). Bern: Huber.

Statistisches Bundesamt. (2014a). *Statistiken der Kinder- und Jugendhilfe. Pflegschaften, Vormundschaften, Beistandschaften, Pflegeerlaubnis, Sorgerechtsentzug, Sorgeerklärungen.* Wiesbaden: Statistisches Bundesamt.

Statistisches Bundesamt. (2014b). *Haushalte und Familien. Familien mit minderjährigen Kindern 2013.* Zugriff am 15.06.2014 unter https://www.destatis.de/DE/ZahlenFakten/GesellschaftStaat/Bevoelkerung/.

Statistisches Bundesamt. (2015). *Strafvollzugsstatistik. Im psychiatrischen Krankenhaus und in der Entziehungsanstalt aufgrund strafrichterlicher Anordnung Untergebrachte (Maßregelvollzug)* 2013 / 2014. Zugriff am 12.10.2015 unter https://www.destatis.de/DE/Publikationen/Thematisch/Rechtspflege/Strafverfolgung Vollzug/KrankenhausMassregelvollzugPDF_5243202.pdf;jsessionid=6A7AF97FC0A0EDF91FF1C82F1A839221.cae4?__blob=publicationFile.

Steadman, H. J. (1973). Follow-up on Baxstrom patients returned to hospitals for the criminally insane. *American Journal of Psychiatry, 130,* 317–319.

Steadman, H. J. & Cocozza, J. J. (1973). The criminally insane patient: Who gets out? *Social Psychiatry, 8,* 230–238.

Stürmer, S. & Salewski, C. (2014). Studie: Viele Fehler in Gutachten. *Deutsche Richterzeitung, 92,* 282–283.

Stürmer, S. & Salewski, C. (2015). Qualität familienrechtspsychologischer Gutachten: Erwiderung auf Fichtner (2015). *Zeitschrift für Kindschaftsrecht und Jugendhilfe, 4/2015*, 132–134.

Stürmer, S., Salewski, C., Meyer, A.-K. & Meyer, J. (2015). Methodische Qualität und Bindungsdiagnostik im Kontext familienrechtspsychologischer Gutachten. *Kindesmisshandlung und –vernachlässigung, 18*, 26–43.

Terlinden-Arzt, P. (1998). *Psychologische Gutachten für das Familiengericht Eine empirische Untersuchung über diagnostische Strategien sowie ausgewählte Aspekte des Kindeswohls.* Lengerich: Pabst.

Tewes, U. (1991). *Hamburg-Wechsler-lntelligenztest für Erwachsene (HAWIE-R).* Bern: Verlag Hans Huber.

Van IJzendoorn, M. H., Vereijken, C. M. J. L., Bakermans-Kranenburg, M. J. & Riksen-Walraven, J. M. (2004). Assessing attachment security with the Attachment Q Sort: Meta-analytic evidence for the validity of the observer AQS. *Child Development, 75*, 1188–1213.

Van Ijzendoorn, M. H. (1992). Intergenerational transmission of parenting: A review of studies in nonclinical populations. *Developmental Review, 12*, 76–99.

Wagner, W. & Balloff, R. (2009). FamFG und Sachverständigentätigkeit. *Praxis der Rechtspsychologie, 19*, 274–281.

Waters, E. & Deane, K. (1985). Defining and assessing individual differences in attachment relationships: Q methodology and the organization of behaviour in infancy and early childhood. In I. Bretherton & E. Waters (Eds.), *Growing points of attachment theory and research* (Monographs of the society for research in child development) (pp. 678–683). Chicago: University of Chicago Press.

Weiß, R. H. (2006). *Grundintelligenztest, Revision (CFT 20-R)* (1. Auflage). Göttingen: Hogrefe.

Werst, C. & Hemminger, H.-J. (1989). *Psychologische Gutachten in Prozessen vor dem Familiengericht. Schlussbericht eines Forschungsprojekts.* Freiburg: Albert-Ludwigs-Universität.

Westhoff, K., Hornke, L. F. & Westmeyer, H. (2003). Richtlinien für den diagnostischen Prozess – Zur Diskussion gestellt. *Report Psychologie, 28*, 504–517.

Westhoff, K. & Kluck, M.-L. (2008). *Psychologische Gutachten schreiben und beurteilen.* Heidelberg: Springer.

Westhoff, K. & Kluck, M.-L. (2014). *Psychologische Gutachten schreiben und beurteilen.* Heidelberg: Springer.

Westhoff, K. & Strobel, A. (2011). Interview. In M. Amelang & L. F. Hornke (Hrsg.), *Enzyklopädie der Psychologie. Themenbereich B, Methodologie und Methoden. Serie II, Psychologische Diagnostik. Band II, Methoden* (S. 371–413). Göttingen: Hogrefe.

Westhoff, K., Terlinden-Arzt, P. & Klüber, A. (2000). *Entscheidungsorientierte psychologische Gutachten für das Familiengericht.* Berlin: Springer.

Wiesflecker, S. & Kubinger, K. D. (2005). Das „Systemisch Orientierte Erhebungsinventar" im Vergleich zur intuitiv-unstrukturierten Exploration – Ein Experiment in Bezug auf den psychologisch-diagnostischen Informationsgewinn. *Zeitschrift für Klinische Psychologie und Psychotherapie, 34,* 54–64.

Wilmoth, D. (2007). Family Court psychological evaluations: How not to be part of the fallout. *In Psych: The Bulletin of the Australian Psychological Society Ltd, 29,* 14–15.

Wissenschaftlicher Beirat für Familienfragen beim Bundesministerium für Familie, Senioren, Frauen und Jugend. (2010). *Familie Wissenschaft Politik.* Zugriff am 01.09.2015 unter http://www.ffp.de/tl_files/dokumente/2010/familie_wissenschaft_politik.pdf.

Wittkowski, J. (2011). Projektive Verfahren. In L. F. Hornke, M. Amelang & M. Kersting (Hrsg.), *Persönlichkeitsdiagnostik* (Enzyklopädie der Psychologie, Serie Psychologische Diagnostik, Band 4, S. 299–410). Göttingen: Hogrefe.

Zuschlag, B. (2002). *Das Gutachten des Sachverständigen.* Göttingen: Hogrefe.

Zuschlag, B. (2006). *Richtlinien für die Erstellung psychologischer Gutachten.* Bonn: Deutscher Psychologen Verlag.

Beiträge zur Angewandten Psychologie
Herausgegeben von Stefan Stürmer und Anette Rohmann

Band 1   Anette Rohmann (Hrsg.): Qualität familienrechtspsychologischer Gutachten: Eine empirische Analyse mit Praxiskommentaren. Christel Salewski, Stefan Stürmer, Jörn Meyer und Anne-Kathrin Meyer. 2016.

www.peterlang.com

www.ingramcontent.com/pod-product-compliance
Ingram Content Group UK Ltd.
Pitfield, Milton Keynes, MK11 3LW, UK
UKHW021841210426
5322IPUK00022B/403